現代語訳

一遍上人縁起絵 全十巻

『一遍上人縁起絵』現代語訳研究会［編］

法藏館

清浄光寺甲本　第一巻　▶

第十巻第四段　嘉元元年（1303）十二月　相州当麻道場において歳末別時念仏を修する真教。

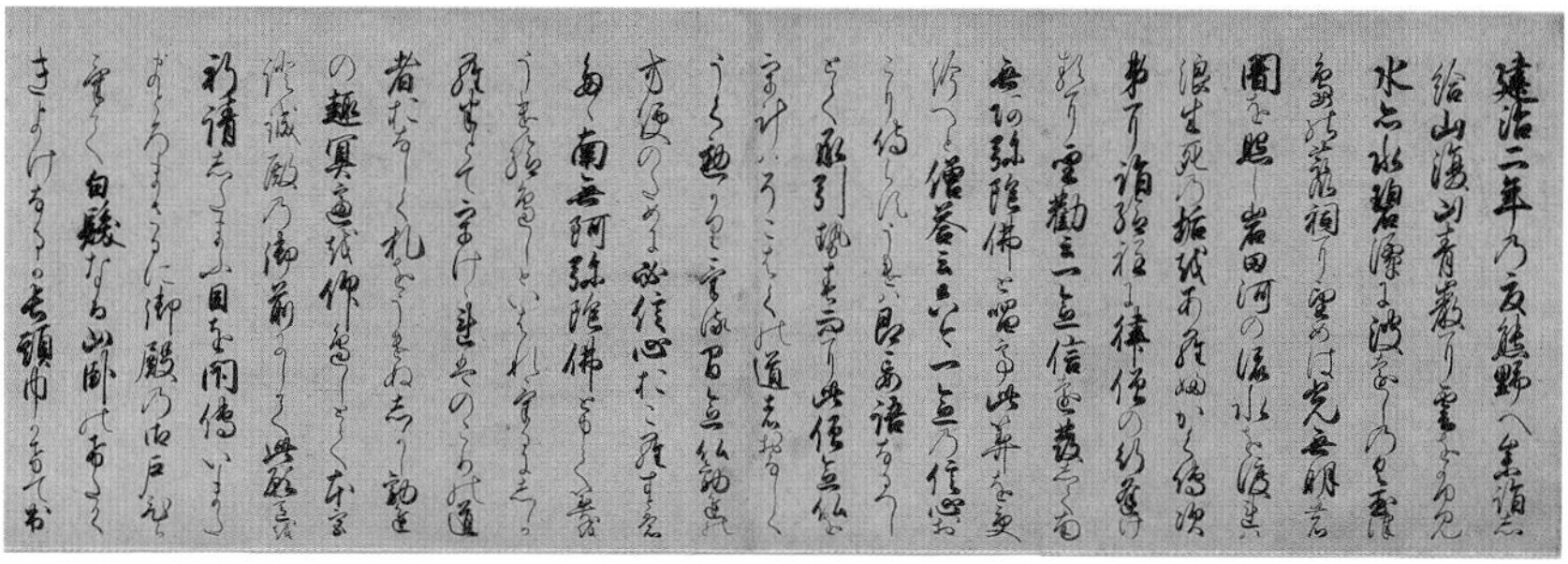

第一巻第二段　詞書冒頭部分　『一遍上人縁起絵』清浄光寺甲本

第一巻第一段　一遍、親類の遺恨により殺害されかけ発心を持つ。

第一巻第二段　建治二年（1276）夏　一遍、熊野参詣の途中、律僧への賦算。

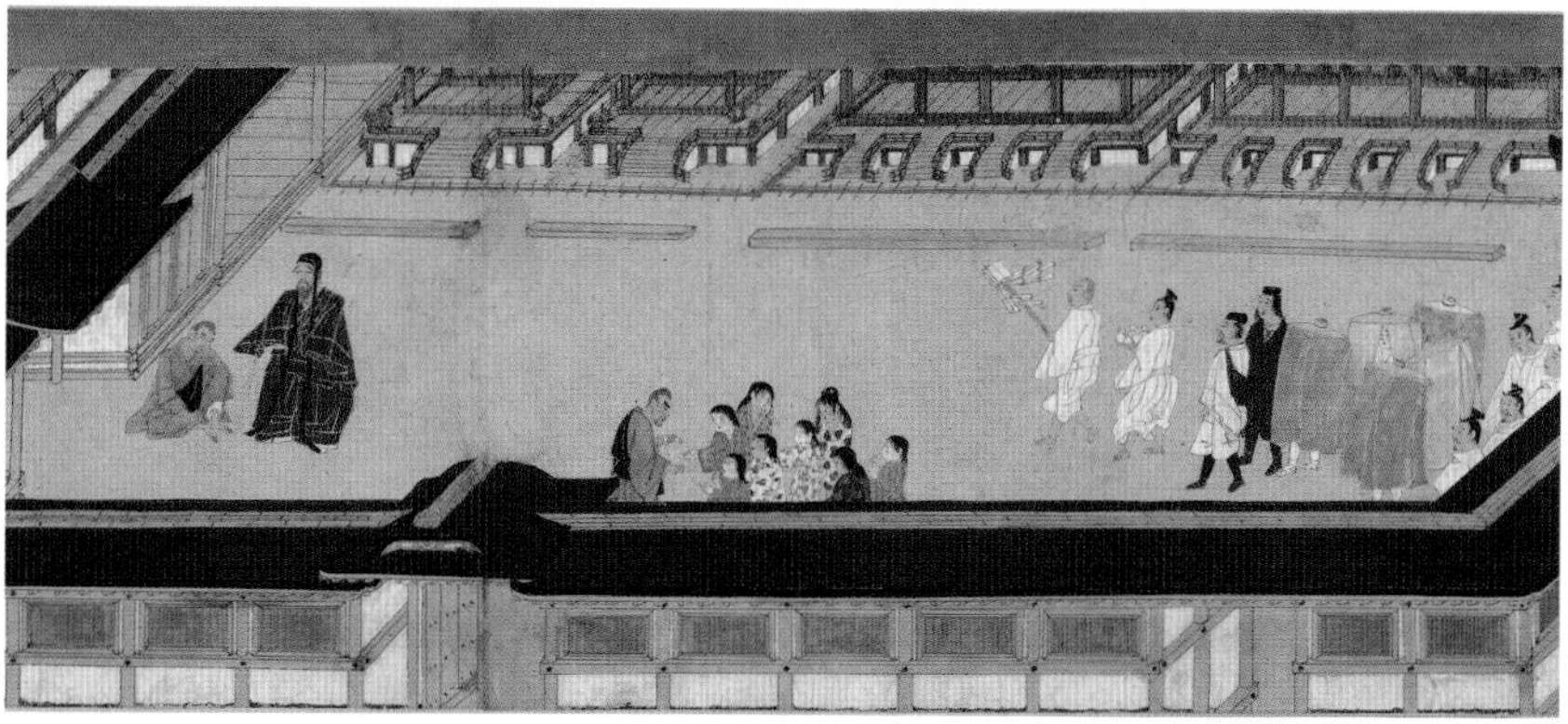

第一巻第二段　建治二年　一遍、熊野本宮参詣。

第一巻第二段　建治二年　熊野本宮証誠殿にて熊野証誠殿大権現より神託をうける。

第三巻第三段　弘安五年（1282）閏七月十六日　一遍、四条京極釈迦堂に入る（四条大橋）。

第四巻第五段　正応二年（1289）八月二十三日　一遍往生（兵庫観音堂）。

第五巻第一段　真教ら丹生山に分け入る（右）。
淡河の領主、真教以下遺弟たちを供養する（左）。

第五巻第三段　正応三年（1290）末　真教、惣社にて歳末別時念仏を行う。
その際、明神が束帯姿で神主の肩に影向する。

第五巻第五段　正応四年（1291）真教、対峙する住人を避けるため、洪水した河に入る。
その時、紫雲たなびき不動毘沙門の加護を受ける。

第六巻第二段　正応五年（1292）秋　真教、越前惣社参詣中、平泉寺法師らより狼藉受ける。

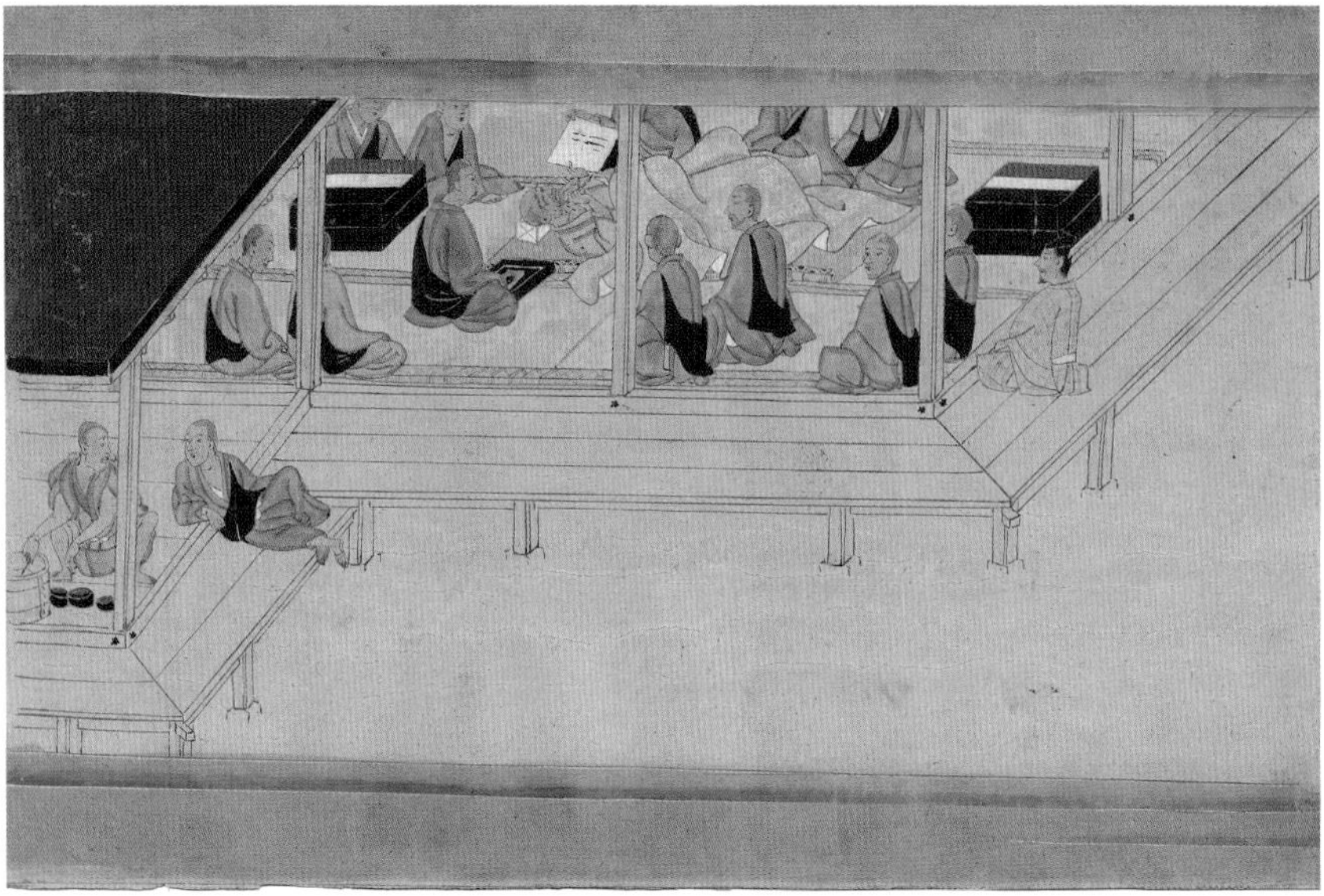

第七巻第一段　永仁六年（1298）　真教、武州村岡にて臨終を覚悟し時衆に対しての教誡『他阿弥陀仏同行用心大綱』を書き示す。

第七巻第五段　真教、善光寺にて七日間参籠。日中礼讃を礼堂にて勤行。

第九巻第一段　正安三年（1301）真教、伊勢大神宮参詣。

第八巻第四段　正安三年（1301）真教、敦賀氣比大神宮の参道を造る（御砂持ち）。

第十巻第一段　正安四年（1302）八月十五日　真教、兵庫の島につき一遍の御影堂に参詣。

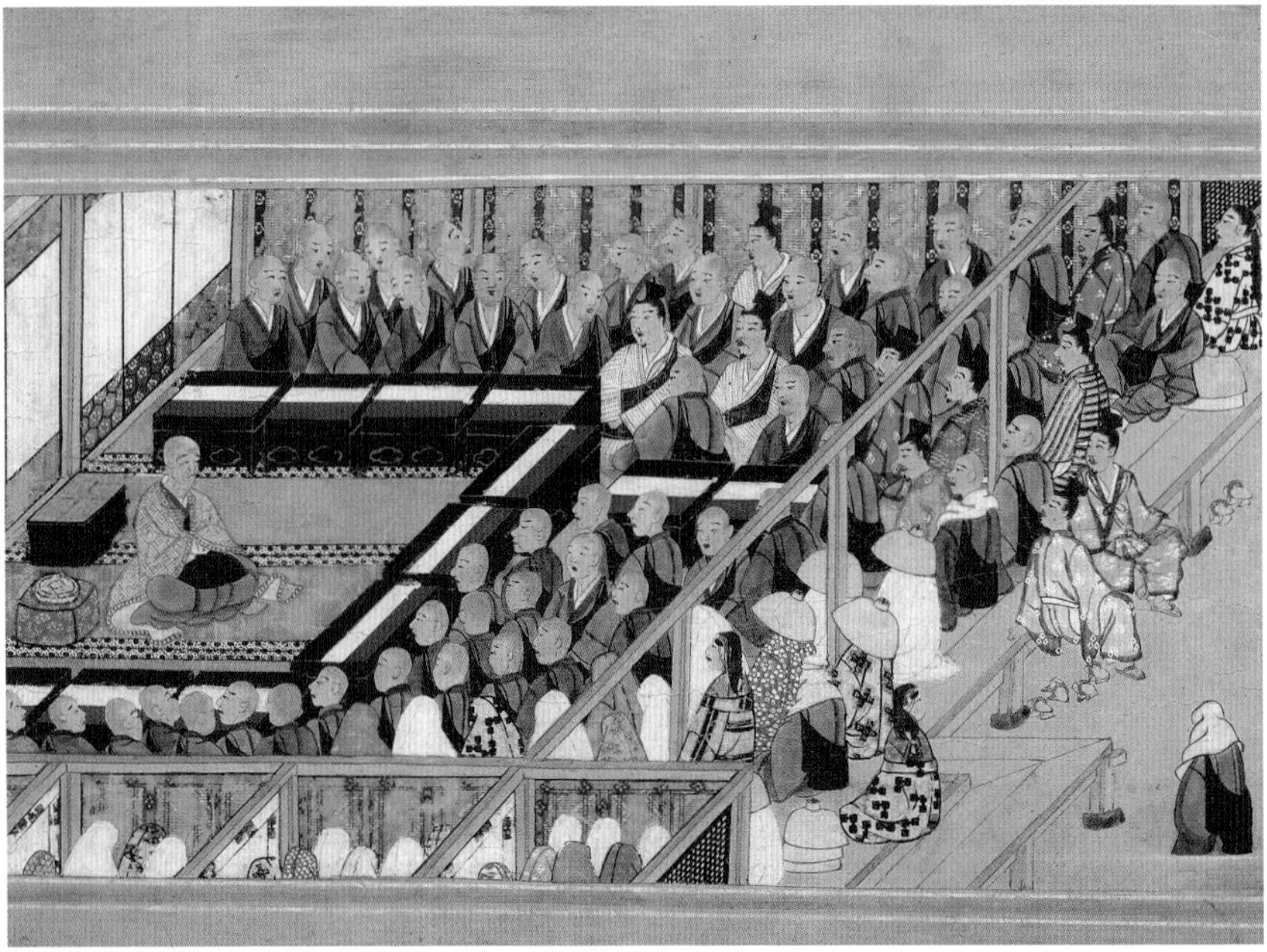

第十巻第四段　嘉元元年（1303）十二月　相州当麻道場において歳末別時念仏を修する真教。

※口絵画像はすべて『一遍上人縁起絵』清浄光寺甲本より抜粋

発刊によせて

時宗では、一宗を挙げて宗祖一遍上人そして、二祖他阿真教上人の五〇年ごとの御遠忌法要を厳修してきた伝統がある。これは他宗と比べると希なことではないだろうか。

くしくも平成三十一年・令和元年（二〇一九）は、その二祖他阿真教上人七百年御遠忌の祥当を迎えた。神奈川県藤沢市にある時宗総本山清浄光寺（遊行寺）では開白法要をはじめとする各法要の厳修、さらには御本尊阿弥陀如来坐像の修復、京都国立博物館・神奈川県立歴史博物館・遊行寺宝物館での特別展開催などの御遠忌事業が展開されことは記憶に新しい。

さて、時宗では伝統的に一遍上人と真教上人の生涯を描いた『一遍上人縁起絵』を中心として展開されてきた歴史がある。しかし、世間の眼は国宝に指定されている『一遍聖絵』にばかり照射されているためか、『一遍上人縁起絵』の研究は決して多くはない。

そこで、平成二十三年に時宗教学研究所に所属する若手研究員が中心となり、「『一遍上人縁起絵』現代語訳研究会」が発足し、現代語訳作成の作業が開始された。現代語訳の機運が高まったのは、もちろん二祖他阿真教上人七百年御遠忌に向けてのことではあるが、おそらく、時宗が『一遍上人縁起絵』の現代語訳を試みるのは、これが初めての経験ではないだろうか。この現代社会に時宗の教義を分かりやすくひろめるにはどうしたら良いのかを考えたとき、主要な宗典を現代語訳する事業が必要不可欠であることは当然というべきである。しかし、これまでその事業が成し遂げられなかったのは、時宗内における人材の少なさと言ってしまえばそれまでであるが、これを機に研究活動が盛んになることを期待している。

本書は、金子元行、奥田裕幸、長島崇道、髙木灌照、桑原總善、髙垣浩然の各研究員が担当した各巻の現代語訳をもとに、長島尚道、小林賢次、峯﨑賢亮、長澤昌幸、牧野純山、鈴木貴司、清水寛子の研究メンバーとともに研究会を重ねた十一年間に及ぶ研究成果である。

解釈や表現などには、いくつもの課題があるものの、一つの形としてまとめることができたことは望外の喜びであり、時宗教学の研究が通過すべき一里塚をようやく越えることができた思いである。

本書を宗祖一遍上人、二祖真教上人の御前に謹んで献上し、その研究成果を奉告するものである。

令和三年八月二十三日　宗祖御祥当忌にあたり

『一遍上人縁起絵』現代語訳研究会代表　長島　尚道

現代語訳　一遍上人縁起絵　全十巻　目次

現代語訳
一遍上人縁起絵
全十巻

解題　『一遍上人縁起絵』について

『一遍上人縁起絵』の成立は、原本に相当するものが現存しないため不詳であるが、絵巻が二祖他阿弥《たあみ》陀仏真教《だぶつしんきょう》（一二三七―一三一九。以下、他阿真教）の当麻《たいま》道場無量光寺《むりょうこうじ》（現、神奈川県相模原市南区）で歳末別時《べつじ》念仏会を厳修した嘉元元年（一三〇三）の場面で終わっており、また、一模本（金蓮寺本）が成立した徳治二年（一三〇七）までの間と推定されている。編者は、奥書によると他阿真教の弟子宗俊《そうしゅん》であるが、宗俊についても不明な点が多い。

絵巻の全体は十巻、四十三段から構成されている。全十巻中、前半四巻十七段は一遍伝であり、後半六巻二十六段は他阿真教伝である。そのため、『遊行上人縁起絵』とも呼称されている。

時宗遊行派を中心として展開してきた時宗教団では、一遍と他阿真教の生涯を描いているこの『一遍上人縁起絵』が正統な伝記として流布されてきた歴史があり、複数の写本が現存している。写本の一覧は以下のとおりである。

兵庫真光寺本　十巻　元亨三年（一三二三）　**重要文化財**

東京国立博物館本　二巻（旧田中親美氏蔵　鎌倉期）
大和文華館他諸家分蔵残欠本（第二—一段　鎌倉期）
京都金光寺本　四巻（第三・五・六・九巻　鎌倉期）**重要文化財**
別府永福寺本　一巻（南北朝期）**重要文化財**
京都金蓮寺別本　一巻（第八巻　南北朝〜室町期）
京都金蓮寺本　二十巻　徳治二年（一三〇七）
新潟専称寺本　十巻（室町期）
藤沢清浄光寺本　十巻（室町期）
藤沢清浄光寺旧本　十巻（藤沢道場古縁起　明治四十四年焼失）
山形光明寺本　十巻　文禄三年（一五九四）**最上義光寄進　国重要文化財**
東京国立博物館本　十巻（藤沢道場本模本　江戸期）
新潟来迎寺本　八巻（江戸期）
谷文晁模本　五巻　文化十三年（一八一六）
大阪逸翁美術館本　五巻（江戸期）
折本二帖（江戸期）
田中親美氏蔵住吉模本　八巻（江戸期）
長野金台寺本　一巻（第二巻　鎌倉期）**重要文化財**

尾道常称寺本　　　四巻（第二・五・六・八巻　南北朝期）**重要文化財**

埼玉遠山記念館本　四巻（第一・六・七・八巻断簡　南北朝期）

さらに、一遍伝に相当する一―四巻までの詞書については、註釈書として兵庫真光寺《しんこうじ》初代院代《いんだい》其阿賞山《ごあしょうざん》（遊行四十五代他阿尊遵《そんじゅん》弟子。このときから真光寺は、遊行上人兼帯《けんたい》の寺とされ、寺務は院代により執り行われるようになった）が正徳四年（一七一四）に著した『一遍上人絵詞伝直談鈔《えしでんじきだんしょう》』（『定本時宗宗典』下巻所収）がある。

語句に関しては、中村元編『仏教語大辞典』（東京書籍）、『新纂浄土宗大辞典』（浄土宗）、『時宗辞典』（時宗教学研究所）、『一遍辞典』（東京堂）などを適宜参照した。

平成三十一年・令和元年（二〇一九）、他阿真教上人七百年御遠忌を迎えた。時宗教学研究所では、平成二十三年度より『一遍上人縁起絵』現代語訳研究会を立ち上げ、全巻の現代語訳に取り組んだ。その成果は、『時宗教学年報』第四十五輯から第四十七輯に掲載した。

今回、本書は、掲載された内容を修正し、一冊にまとめたものである。

《凡例》

一、現代語訳を行うにあたり、時宗開宗七百年記念宗典編集委員会編『定本時宗宗典』（時宗宗務所　一九七九年）下巻を底本にし、適宜、光明寺本『遊行上人絵』（最上義光記念館　二〇一三年）、『一遍上人縁起』（清浄光寺一九一八年）、『他阿上人法語』（『定本時宗宗典』上巻所収）を参照した。

一、固有名詞以外の旧字体は、原則として常用漢字に統一した。

一、読者の読みやすさを考慮し、ふりがなを付けた。

一、原文の一文が長い場合は、適宜文章を区切った。

一、現在の人権の観点からみると問題となる箇所があるが、時代性と原文の本意に添い現代語訳したことをお含みおきいただきたい。

一、略称については、左記のように表記した。

『大正蔵』→『大正新脩大蔵経』

『浄全』→『浄土宗全書』

『直談鈔』→『一遍上人絵詞伝直談鈔』

『観経疏』→『観無量寿経疏』

一遍上人縁起絵第一

第一段

《原文》

夫以西天黄老弘教法於月氏之境　東漢明帝伝経典於京師之間以来出過生死帰入涅槃有二種勝法所謂一者聖道門二者浄土門也〔それおもんみれば西天黄老教法《さいてんおうろうきょうぼう》を月氏《げっし》の境《さかい》に弘《ひろ》め、東漢《とうかん》の明帝経典《めいていきょうてん》を京師《けいし》の間《あいだ》に伝《つた》えしよりこのかた生死《しょうじ》を出過《しゅっか》し、涅槃《ねはん》に帰入《きにゅう》するは二種《にしゅ》の勝法有《しょうぼうあ》り。所謂一《いわゆるひと》つには聖道門《しょうどうもん》、二《ふた》つには浄土門《じょうどもん》なり〕　聖道《しょうどう》に又二《またふたつ》あり　顕密二教是《けんみつにきょうこれ》なり　共《とも》に娑婆《しゃば》の得忍《とくにん》をまち　同《おな》(じ)く穢土《えど》の成仏《じょうぶつ》を期《ご》す　是《これ》(を)以《もっ》(て)一心三観《いっしんさんがん》の窓《まど》の前《まえ》には真如一実《しんにょいちじつ》の月光《がっこう》をみがき　三密五相《さんみつごそう》の壇《だん》の上《うえ》には心城八葉《しんじょうはちよう》の花《はな》匂《におい》を弄《もてあそ》ぶ　かるがゆえに己心《こしん》に実報寂光《じっぽうじゃっこう》の土《ど》をまうけ即身《そくしん》に密厳花蔵《みつごんけぞう》の界《かい》を望《のぞ》む　教《きょう》の本意然《ほんいしか》(る)べしといへども正像已《しょうぞうすで》に過《す》(ぎ)て末法忽《まっぽうたちま》(ち)に至《いた》り行証共《ぎょうしょうとも》に絶《た》(え)て教法《きょうぼう》ひとりのこれり　仍《よっ》(て)即身《そくしん》の証《しょう》にをきてはみづから退心《たいしん》をおこして或《あるい》は五十六億七千万歳《ごじゅうろくおくななせんまんさい》のかすみをへだてゝはるかに龍華《りゅうげ》の春《はる》の朝《あした》をまち　或《あるい》は多生曠劫《たしょうこうごう》流《る》転生死《てんしょうじ》の雲《くも》をかさねて遠《とお》く覚月《かくげつ》の秋《あき》の空《そら》をのぞむ　結縁実《けちえんじつ》に貴《とうと》しといへども　即証已《すなわちしょうすで》に空《むな》(しき)に似《に》たり　是則《これすなわ》(ち)理深《りふか》(く)解《げ》微《な》きが故也《ゆえなり》　次《つぎ》(に)浄土門《じょうどもん》とは末法万年《まっぽうまんねん》の流《る》通慈悲《づうじひ》を余経悉滅《よきょうしつめつ》の時《とき》にほどこし人寿十歳《にんじゅじっさい》の利物本誓《りもつほんぜい》を無有出離《むうしゅつり》の機《き》に発《ほっ》し給《たま》(ふ)　最下《さいげ》の根機《こんき》に被《こうむ》らしめて無上《むじょう》の深法《じんぽう》を与《あた》へ　意地《いじ》の動静《どうじょう》を用《もち》(ひ)ずして口業《くごう》の称名《しょうみょう》を勧《すす》(む)る　これを超世《ちょうせ》の願《がん》と名《な》づけこれを難信《なんしん》の法《ほう》といふ　機《き》の勝劣《しょうれつ》をいはざれば三輩《さんぱい》九品《くほん》等《ひと》(し)くゆき　行《ぎょう》に多少《たしょう》を論《ろん》ぜざれば一形《いちぎょう》十念《じゅうねん》同《おな》(じ)く生《しょう》ず　而《しか》(る)にをのづから本願《ほんがん》に帰《き》し名号《みょうごう》を唱《とな》(ふ)る人《ひと》ありといへども多《おお》(く)は三業《さんごう》にとゞまり又《また》は四儀《しぎ》に煩《わずら》(ひ)て宗旨《しゅうし》にくらく安心《あんじん》にもとづかざる間《あいだ》　往生《おうじょう》を遂《と》(ぐ)るものまれなる歟《か》　是併《これしかしなが》(ら)祖師《そし》の教籍《きょうせき》に背《そむ》き　先徳《せんとく》の遺誡《ゆいかい》に違《い》する故也《ゆえなり》　爰《ここ》(に)近来《ちかごろ》一遍上人《いっぺんしょうにん》と申《もう》せし聖《ひじり》の念仏勧進《ねんぶつかんじん》の趣《おもむき》承《うけたまわ》るこそありがたく覚《おぼ》(え)侍《はべ》れ　此《こ》(の)人《ひと》は伊予国《いよのくに》河野《こうの》七郎通広《しちろうみちひろ》が子也《こなり》　建長年中《けんちょうねんちゅう》に法師《ほうし》に成《な》(り)て学問《がくもん》などありけるころ親類《しんるい》の中《なか》に遺恨《いこん》をさしはさむ事《こと》ありて殺害《せつがい》せむとしけるに傷《きず》をかうぶりながらかたきの太刀《たち》をうばひとりて命《いのち》はたすかりにけり　発心《ほっしん》の始《はじ(め)》此《こ》(の)事《こと》なりけるとかや

《絵》

《語句》

○西天《さいてん》…天竺・インド　○黄老《おうろう》…釈尊　○月氏《げっし》…紀元前三世紀から一世紀頃にかけて西域辺りに存在した民族並びにその国家　○東漢《とうかん》の明帝《めいてい》…後漢の第二代皇帝　○聖道門《しょうどうもん》…浄土門の対で自らの能力（自力）を頼りに修行して、この世においてさとりを得ようとする教え　○浄土門《じょうどもん》…阿弥陀仏の本願の力（他力）で浄土に往生し成仏する教え　○一心三観《いっしんさんがん》…ひと思いの心のうちに空観・仮観・中観の三観を同時に実現すること　○三密《さんみつ》…三密加持のことで身・口・意の働きによる即身成仏のさとりのこと　○五相《ごそう》…五相成身のこと。通脱菩提心・修菩提心・成金剛心・証金剛心・仏身円満の五相の観を成して金剛界大日如来の身を成就すること　○心城《しんじょう》…心の中のさとりのさま・禅定　○八葉《はちよう》…八葉蓮華のこと。大日如来の周りに咲く八弁の蓮華の花で諸仏の台座に用いる　○実報《じっぽう》…実報無障礙土。中観を修し無明を断じた菩薩の生まれる初地と常寂光土のことで、此岸と彼岸を超えて体得される法身の住する浄土　○密厳花蔵《みつごんけぞう》…密厳華蔵。密厳浄土（大日如来の浄土）と蓮華蔵世界。真言宗ではこの穢土が密厳浄土であり、蓮華蔵世界であると説く　○龍華《りゅうげ》…龍華会のこと。弥勒菩薩が兜率天よりこの世に降りてきて、龍華樹の下でさとりを開くこと　○多生曠劫《たしょうこうごう》…繰り返し生を受けて経た無限に近い時間　○人寿十歳《にんじゅじっさい》…像法千年の後　○難信《なんしん》の法《ほう》…他力念仏のことで、凡夫の知恵では信じがたい微妙の教え　○三輩九品《さんぱいくほん》…三輩は上輩・中輩・下輩のことで、往生を願う衆生の資質により三種に分けられる。九品は上品上生から下品下生までの九種で、浄土往生以前の行いの違いによる往生以後の階位

《現代語訳》

インドで生まれた釈尊の教えは月氏国の境界まで広められ、それより東の方角へは、後漢の明帝永平十年（六七）、都の洛陽に初めて経典が伝えられたと言われている。以来、生死輪廻から解脱し、涅槃に入るための二種の優れた教えが伝わっている。一つには聖道門であり、二つには浄土門である。聖道門にはまた二つあり、それは顕教と密教である。共にこの娑婆世界において、さとりを待つことであり、穢土において成仏を期待するものである。

（顕教では、）一心三観の心の窓の前には、唯一絶対の真実の月の光が美しく輝き、（密教では、）三密五相をもって心城に咲いた八葉の香りが漂う。それゆえに、自分自身の心に実報と寂光を生じ、この身に密厳華蔵が顕れるのを望んでいる。顕密二教の本意はこのようなものであるといっても、現在は正法、像法の時代がすでに過ぎて、もはや末法の時代に入り、行と証は共に絶えてしまい、教だけが残っている。よ

って、この世において、この身このままでさとりを開くことは望めず、自らあきらめる。あるいは、五十六億七千万年後の弥勒菩薩による龍華会の春の朝を待ち、あるいは多生曠劫流転の生死の雲を重ねるように、遥か遠くの覚月の秋の空を臨むばかりである。仏法に結縁することは、実に貴いことである。しかし、速やかにさとることは、もう既にむなしいものとなっている。すなわち真理は深く、わずかにも理解することが精一杯である。

次に、浄土門とは末法の世において浄土門以外の経典がことごとく滅した時に、阿弥陀仏が慈悲を普く施し、その本願によって、末法の世に衆生が出離する機会をお与えくださるのである。最下の人びとに無上の深い教えを与え、聖道門のように心の動きではなく、口に南無阿弥陀仏を称えることを勧めるのである。これを超世の願と名づけ、これを難信の法という。衆生の能力の勝劣を区別することがないので、三輩九品が平等に往生することができ、念仏の数を問わない。一生涯念仏をする者も、十念をする者も同じように往生することができる。それにしても、自ら阿弥陀仏の本願に帰命し、名号を称える人がいるとはいえ、多くの人びとは三業も以前と変わらない。また、日常に振り回されて、仏教の根本の教えが見えず、安心が定まらないので、往生を遂げるものは稀であろうか。これは祖師の教籍に背き、先徳の遺戒に反するのである。

ここに近年、一遍上人とおっしゃる聖の念仏勧進の理を受けることこそ実に貴く思われる。この方は、伊予国（現、愛媛県）の河野七郎通広の子である。建長年間（一二四九―五六）に出家して、学問などを身につけていた頃、親類の中に恨みを持つものが一遍聖を殺害しようとした。その時、傷を受けながら、敵の太刀を奪い取って命だけは助かった。一遍聖が発心したのはこの事によるようである。

《絵》

第二段

《原文》

建治二年《けんじにねん》の夏《なつ》　熊野《くまの》へ参詣《さんけい》し給《たま》ふ　山復山青巌《やままたやませいがん》に雲《くも》をふみ水又水碧潭《みずまたみずへきたん》に波《なみ》をしのぐ　玉津島《たまつしま》の叢祠《そうし》に望《のぞ》めば光無明《ひかりむみょう》の闇《やみ》を照《て》(ら)し　岩田河《いわたがわ》の流水《りゅうすい》を渡《わた》れば浪生死《なみしょうじ》の垢《あか》をあらふ　かくて次第《しだい》に詣《もう》(で)給《たま》(ふ)程《ほど》に律僧《りっそう》の行《い》(き)逢《あ》(ひ)けるに　聖勧《ひじりすす》(めて)云《いわ》(く)　一念信《いちねんしん》を発《ほっ》して南無阿弥陀仏《なむあみだぶつ》と唱《とな》(へ)て此《こ》(の)算《ふだ》を受《う》(け)給《たま》へと　僧答《そうこた》(へて)云《いわ》(く)　只今一念《ただいまいちねん》の信心《しんじん》おこり侍《はべ》らず　うけば即《すなわ》(ち)妄語《もうご》なるべしとて承引《しょういん》せず　而《しか》(る)に此《こ》(の)僧念仏《そうねんぶつ》をうけばそこばくの道者《どうじゃ》おなじくうくべかりける間念仏勧進《あいだねんぶつかんじん》の方便《ほうべん》のために　必《かなら》ず信心《しんじん》おこらずともたゞ南無阿弥陀仏《なむあみだぶつ》と申《もう》(し)て算《ふだ》をうけ給《たま》(ふ)べしといはれけるにしからばとてうけければ　のこりの道者《どうじゃ》おなじく札《ふだ》をうけぬ　しかし勧進《かんじん》の趣《おもむき》冥慮《みょうりょ》を仰《あお》(ぐ)べしとて本宮証誠《ほんぐうしょうじょう》殿《でん》の御前《おんまえ》にして此《こ》(の)願意《がんい》を祈請《きしょう》したまふ　目《め》を閉《と》(ぢ)ていまだまどろまざるに御殿《ごてん》の御戸《みと》ひらけて白髪《はくはつ》なる山臥《やまぶし》のけだかくきよげなるが長頭巾《ながときん》かけて出《い》で給《たま》(ふ)　ながどこに山臥三百人許侍《やまぶしさんびゃくにんばかりはべ》(る)が　首《こうべ》を地《ち》につけて礼敬《らいきょう》し奉《たてまつ》る　此《こ》(の)時権現《ときごんげん》にて御座《おんざ》しけると覚《おぼ》(え)て信心弥〻《しんじんいよいよ》おこれりけるに　かの山臥《やまぶし》

聖《ひじり》の前《まえ》へあゆみよりてのたまふ　やゝあの融通念仏《ゆうずうねんぶつ》すゝめらるゝ聖《ひじり》いかに念仏《ねんぶつ》をばあしくすゝめらるゝぞ御房《ごぼう》のすゝめによりて始《はじ(め)》て衆生《しゅじょう》の往生《おうじょう》すべきにあらず阿弥陀仏十劫正覚《あみだぶつじっこうしょうがく》に一切衆生《いっさいしゅじょう》の往生《おうじょう》は南《な》無阿弥陀仏《むあみだぶつ》と決定《けつじょう》する所也《ところなり》　信不信《しんふしん》を論《ろん》ぜず浄不浄《じょうふじょう》をきらはずたゞ其《そ》(の)札《ふだ》を賦《くば》(つ)て勧《すす》(む)べしと示《しめ》(し)給《たま》(ふ)と覚《おぼ》えて目《め》を開《ひら》(き)て見《み》れば　十二三許《じゅうにさんばかり》なる童部百余人来《わらべひゃくよにんき》て念仏《ねんぶつ》のふだを受《う》(け)ていづちともなくさりにけり　小神《しょうじん》たちの念仏勧進《ねんぶつかんじん》の　誓《ちか(い)》と遮《た(ママ)》て顕《あらわ》し給《たま》(ふ)かと貴《とうと》し　大権《だいごん》の神託《しんたく》に預《あずか》(り)て後他力本願《のちたりきほんがん》の深意《しんい》を領解《りょうげ》せりとぞいはれける　抑々当山権現《そもそもとうざんごんげん》は孝　照《こうしょう(ママ)》天皇《てんのう》御宇《ぎょう》紀州《きしゅう》無漏郡《むろのこおり》　備　里《そなえのさと》に跡《あと》を垂《た》(れ)給《たま》ふ　依一説　自爾以来一千七百余歳《しかりしよりこのかたいっせんななひゃくよさい》の暦数《れきすう》を経《へ》たり　已《すで》に所《ところ》を無漏郡《むろのこおり》と名《な》づく　豈有為《あにうい》の境《さかい》ならんや　伝聞《つた(え)き(く)》一《ひと》たび此《こ》(の)砌《みぎり》に詣《もう》(づ)る者《もの》は二《ふた》たび悪趣《あくしゅ》にかへらずと　まことにこの謂歟《いわれか》　十《じっ》劫成道《こうじょうどう》の如来内証《にょらいないしょう》を秘《ひ》して暫《しばら》(く)垂跡《すいじゃく》の方便《ほうべん》をめぐらし五劫思惟《ごこうしゆい》の誓願外用《せいがんげゆう》をほどこしてつゐに本地《ほんじ》の利益《りやく》をあらはす　これを証誠殿《しょうじょうでん》と号《ごう》したてまつる　六方恒沙《ろっぽうごうじゃ》の諸仏《しょぶつ》もかくのごとく不可思議《ふかしぎ》の功徳《くどく》を称讃《しょうさん》し給《たま》(ふ)歟《か》　祈名利者《きみょうりしゃ》には必《かなら》(ず)菩提《ぼだい》を証《しょう》せしめ仏果《ぶっか》を求《もと》(むる)　輩《ともがら》には正《ただ》(し)く寿福《じゅふく》を授《さず》く此《こ》(の)悲願余社《ひがんよしゃ》にこえ給《たま》(ふ)故《ゆえ》に本願第一大霊験《ほんがんだいいちだいれいげん》の名《な》を得給《えたま》へり　而《しか》(るに)今聖祈請《いまひじりきしょう》の旨神慮《むねしんりょ》に叶《かな》(ひ)けるにや　まのあたりかゝる霊託《れいたく》に預《あずか》(り)給《たま》(ふ)事《こと》ありがたくぞ侍《はべ》る　依之本願《これによりてほんがん》の名号《みょうごう》を荷《にな》(ひ)て国々《くにぐに》を修行《しゅぎょう》しあまねく衆生《しゅじょう》に念仏《ねんぶつ》をすゝめ給《たま》(ふ)

さて大隅正八幡宮《おおすみしょうはちまんぐう》へまうでられけるに御神《おんかみ》のしめし給《たま》(ひ)ける歌《うた》

とことはに　なもあみだ仏《ぶ》と　となふれば

なもあみだぶに　うまれこそすれ

かくて村里《むらざと》にいたりつゝ、念仏《ねんぶつ》の算《ふだ》をくばりたまふ　算《ふだ》（に）云《いわ》（く）南無阿弥陀仏《なむあみだぶつ》決定往生六十万人　この中《なか》に六八《ろくはち》の弘誓《ぐぜい》を標《あらわ》して一乗《いちじょう》の機法《きほう》をあかす因中《いんちゅう》の万行功《まんぎょうこう》を六字《ろくじ》におさめ果号《かごう》の一称益《いちしょうやく》を十方《じっぽう》にほどこす　是《これ》即《すなわ》（ち）一切衆生決定往生《いっさいしゅじょうけつじょうおうじょう》の記莂《きべつ》をさづくるものなり

聖《ひじり》（の）頌《じゅ》（に）云《いわ》（く）

六字名号一遍法《ろくじみょうごういっぺんほう》　十界依正一遍体《じっかいえしょういっぺんたい》
万行理然一遍証《まんぎょうりねんいっぺんしょう》　人中上々妙香花《にんちゅうじょうじょうみょうこうげ》

又云《またいわ》（く）

十劫正覚衆生界《じっこうしょうがくしゅじょうかい》　一念往生弥陀国《いちねんおうじょうみだこく》
十一不二証無生《じゅういちふにしょうむしょう》　国界平等坐大会《こっかいびょうどうざだいえ》

或時《あるとき》よみ給《たま》（ひ）ける

すてやらで　こゝろと世《よ》をば　なげきけり
野《の》にも山《やま》にも　すまれける身《み》を

すてゝこそ　見《み》るべかりけれ　世《よ》のなかを
すつるもすてぬ　ならひありとは

《絵》

《語句》

○玉津島《たまつしま》…現在、和歌山県和歌山市和歌浦に玉津島神社がある　○岩田河《いわたがわ》…現在の富田川中流を指す。熊野詣の参詣者が河水で身を清めたという　○律僧《りっそう》…持律・持戒の僧侶　○孝照天皇《こうしょうてんのう》…孝昭天皇、第五代天皇。欠史八代の一人　○悪趣《あくしゅ》…輪廻において悪業の結果として衆生が行く境界。三悪趣というと地獄・餓鬼・畜生の世界を指す
○六方恒沙《ろっぽうごうじゃ》…六方は東・南・西・北・下・上であらゆる方角を、恒沙はガンジス川の砂の意で無数を表す　○記莂《きべつ》…授記ともいう。仏が修行者に対し、将来の成仏を予言、約束すること。ここでは往生の確約をいう

《現代語訳》

建治二年（一二七六）の夏、一遍聖は熊野へ参詣なされた。山々が連なり青々とした岩の峰が続く高所をまるで雲を踏むようにして行き、川がめぐり流れて碧く澄んだ河辺にて波に耐えながら進み、玉津島（現、和歌山市和歌浦）の祠の前に着いて辺りを望めば、光は無明なる苦の闇を照らし、岩田川の流水を渡れば、浪が生死の垢を洗うようであった。このように次々と参詣され、ある律僧に出会った。そして、一遍聖は勧めておっしゃるには、「一念の信を起こして、南無阿弥陀仏と称えて、この念仏札をお受け下さい」と。律僧が答えていうには、「今は一念の信心が起きません。それなのに受ければ不妄語戒を犯すことになります」といって念仏札を受け取らなかった。この時、一遍聖はこの律僧が念仏札を受ければ、少なからず熊野道者たちも同様に受けるにちがいないと考え、念仏勧進のための方便として、「必ずしも信心が起こ

らなくても、ただ南無阿弥陀仏と称えて、念仏札をお受け下さい」とおっしゃった。それならばと言って、律僧が念仏札を受けたので、残りの熊野道者たちも同様に念仏札を受けたのである。しかし、一遍聖は念仏勧進の心構えについて、熊野権現からのお示しを仰ぎたいと思い、本宮証誠殿の御前において、この願いごとのために祈請なされた。目を閉じて、まだうとうとされないうちに、御殿の戸が開いて、白髪の山伏が気高く清く見えるお姿で、長頭巾をかけてお出ましになった。長床には山伏が三百人ほどいて、頭を地につけて礼敬していた。この時、一遍聖はこの方が熊野権現であると確信し、信心がますます起こった。長頭巾の山伏が一遍聖の前に歩み寄っておっしゃるには、「融通念仏を勧めておられる聖よ、何と念仏を誤って勧めておられることか。あなた（一遍聖）の勧めによって、すべての衆生がはじめて往生するのではない。阿弥陀仏が十劫という遠い昔にさとりを開かれた時、一切衆生の往生は南無阿弥陀仏と決定しているのである。信不信を問わず、浄不浄も嫌わず、ただその念仏札を配って念仏を勧めなさい」とお示しになった。このことを感じて、一遍聖が目を開いて見ると、十二、三歳くらいの子供が百人ほど来て、念仏札を受けてどこへ行くわけでもなく立ち去った。小さな子供のお姿をした神々が、念仏勧進の誓を証明して下さったのは貴いことである。一遍聖は、熊野大権現の神託を授かった後、「他力本願の深意を会得した」とおっしゃった。そもそも、熊野権現は孝昭天皇の御代に、紀州無漏郡備里（現、和歌山県田辺市本宮町付近）に垂跡なされた。一説によると、それから一千七百余年を経過している。この地を無漏郡と名づけるのはまさに現世との境なのであろうか。伝え聞くところによると、一度でもこの場所に参詣した者は、再び悪趣に帰ることは無いという。まことにいわれのそのとおりであろうか。十劫の昔に、さとりを開かれた阿弥陀仏は心のうちにさとりを秘めて、しばらく垂跡の方法を考え、五劫もの永い間思惟して誓願を建て、衆生を済度した。そしてこの熊野に本地である阿弥陀仏の利益を顕すことから、これを証誠殿と名づけられた。六方恒沙の諸仏もこのような不可思議な功徳を称讃されるのであろうか。名誉や利益を祈り求める者には必ず菩提心を起こさせ、仏果を求める者たちには正しく寿福を授ける。この証誠殿は、阿弥陀仏の悲願が他の社よりも優れているので、「本願第一大霊験」の名を得られたのである。そこで今、一遍聖が熊野権現に祈請されたことが神慮に叶ったからではないだろうか。まのあたりに、このような熊野権現のお示しに預かったことを本当にありがたく思われた。これによって、阿弥陀仏の本願である名号のお札（念仏札）を持って国々を修行し、すべての人びとに念仏を勧められた。

さて、大隅正八幡宮へ参詣なされた時に、御神のお示しになられた歌

とことはに　南無阿弥陀仏と　となふれば
なもあみだぶに　うまれこそすれ

（いつまでも変わらずに南無阿弥陀仏と称えれば、あなたも南無阿弥陀仏となって、浄土へ往生するのである）

一遍聖はこのようにして、村里を巡りながら念仏札をお配りになった。念仏札には、「南無阿弥陀仏決定往生六十万人」と記されている。この念仏札は弥陀の四十八願をあらわし、一乗の機法の理をあきらかにしている。

阿弥陀仏の因中に六道万行の功を南無阿弥陀仏の六字名号におさめて、名号を一声することで救済される利益を十方世界の衆生に施すのである。これはすなわち、名号を称えることで「一切衆生決定往生」の記別を授けるのである。

一遍聖の頌には次のようにある。

六字名号一遍法　十界依正一遍体
万行離念一遍証　人中上々妙好華

（六字名号は、当体の一念の教えである。名号を称えると十界のすべての存在、その環境世界が弥陀、極楽と一体となる。さとるための行も、迷いの心を離れることも、名号を称えることで得られる。このような念仏を称える行者は、衆生の中において最上の人であり、あたかも穢土という泥の中に咲く白蓮華のようである）

また、次のようにある。

十劫正覚衆生界　一念往生弥陀国
十一不二証無生　国界平等坐大会

（十劫の昔に法蔵菩薩が衆生界において正覚を得た。衆生は、一念を称え弥陀国へ往生することができる。名号によって法蔵菩薩の十劫正覚と衆生の一念往生は、区別なく同時に成就したことをさとっ

た。名号において、弥陀国も衆生界も平等であり、共に坐して念仏を称えることによって一体となる）

ある時、およみになった歌

すてやらで　こゝろと世をば　なげきけり
　　　野にも山にも　すまれける身を

（現世を辛いと、心も世も捨てられないで嘆いている。野でも山でも、住もうと思えばどこにでも住むことができる身であるのに）

すててこそ　見るべかりけれ　世のなかを
　　　すつるもすてぬ　ならひありとは

（世の中を捨ててみてはじめて分かることがあるのであろう。ただ、捨てようにも捨てきれない世のならいがあるものだ）

《絵》

第三段

《原文》

同三年九国《どうさんねんくこく》を修行《しゅぎょう》し給《たま》（ひ）けるとき他阿弥陀仏《たあみだぶつ》はじめて随逐《ずいちく》したまふ　さて鎮西《ちんぜい》より洛陽《らくよう》のかたへおもむき給《たま》（ひ）けるに　弘安元年冬《こうあんがんねんふゆ》の比《ころ》　備前国藤井《びぜんのくにふじい》とかいふ所《ところ》の領主《りょうしゅ》なるがもとにおはして念仏《ねんぶつ》す丶め給《たま》（ひ）けるに　むすめなりけるもの聖《ひじり》を貴《とうと》び　法門《ほうもん》ちやうもむしてにはかにさまをかへぬ　かくて聖《ひじり》は福岡市《ふくおかのいち》といふ所《ところ》にて念仏《ねんぶつ》す丶め給《たま》（ふ）程《ほど》に　かの夫《おっと》は備中《びっちゅう》の吉備津宮《きびつのみや》の神主《かんぬし》が子《こ》なり　おりふし他行《たぎょう》したりけるが帰《かえ》（り）来《き》て妻女《さいにょ》をみるにはからざるに尼《あま》になりにたり　目《め》もあやにあさましともいはむかたなし　事《こと》の故《ゆえ》を尋《たず》（ぬ）るにこたえ《（マヽ）》て云《いわ》（く）　貴《とうと》き捨聖《すてひじり》のおはしつるが出離生死《しゅつりしょうじ》の趣《おもむき》念仏往生《ねんぶつおうじょう》のやうとかる丶をちやうもむし侍《はべ》りしに　まことにゆめまぼろしの世《よ》　あすを期《ご》すべき命《いのち》にもあらねばかりのすがたはとてもかくてもありなむとおぼえてかくなりにたりとぞいひける　夫《おっと》はもとより無悪不《むあくふ》造《ぞう》のものなりければ　おほきにいかりてかの法師《ほうし》いづちゆきぬらむ尋《たず》（ね）てきりころさむとて　大太刀《おおたち》わきにはさみてはや福岡市《ふくおかのいち》へゆくなるべし　そのけしきなる神《かみ》のふみとゞろかし　木《こ》がらしの風《かぜ》のふきはらふよりもはげし　秋《あき》の霜《しも》を帯《お》（び）たるさま春《はる》の氷《こおり》をふむよりもあやうし　はたして聖《ひじり》たちにゆきあひぬ　すくよかに聖《ひじり》のまへにす丶みちかづきければ　こ丶らの市人《いちびと》あなあさましとみるほどに　聖聊《ひじりいささ》（か）もおどろけるさまにはあらでいまだ見《み》たまはざるものにむかひて　汝者《なんじは》吉備津宮《きびつのみや》の神主《かんぬし》が子息《しそく》な　とのたまふせけるにこそ身《み》の毛《け》よだちて忽《たちま》（ち）にいかれるこ丶ろをひるがへし　たけき心地《ここち》も今更《いまさら》まほに

思《おも》(ひ)成《な》(り)にけれ　女性《にょしょう》にて発心《ほっしん》しけるもいとことはりに覚《おぼ》(え)て聖《ひじり》を知識《ちしき》として出家《しゅっけ》をとげぬ　彼《か》(の)揚州《ようしゅう》の屠士《とし》が和尚《かしょう》を害《がい》せむとせし　九品《くほん》を　掌《たなごころ》のうちに拝《はい》して忽《たちま》(ち)に捨身往生《しゃしんおうじょう》の瑞《ずい》をあらはし　今備州《いまびしゅう》の勇士《ゆうし》が上人《しょうにん》をあやまたむとする一念《いちねん》を言下《ごんか》にひるがへして即《すなわ》(ち)出家修行《しゅっけしゅぎょう》の道《みち》に入《い》る　古今《ここん》の奇特《きとく》ことなりといへども機法《きほう》の感応《かんのう》これおなじきもの歟《か》

　或時結《あるときむす》(び)給《たま》(ふ)頌《じゅ》に曰《いわ》(く)
六字之中《ろくじしちゅう》　本無生死《ほんむしょうじ》　一声之間《いっしょうしけん》　即証無生《そくしょうむしょう》
　又《また》よみ給《たま》(ひ)ける
おもひとけば　すぎにしかたも　ゆくすゑも
　一《ひと》むすびなる　ゆめの世《よ》の中《なか》

《絵》

《語句》
○備前国藤井《びぜんのくにふじい》…現、岡山市東区西大寺一宮藤井・岡山市東区藤井の両説がある　○福岡市《ふくおかのいち》…現、岡山県邑久郡長船町福岡

《現代語訳》
同（建治）三年（一二七七）、一遍聖は九州を修行された時、他阿弥陀仏（真教）が初めて遊行に同行され

た。

さて、九州より京都へ向かって遊行なされている時、弘安元年（一二七八）冬の頃、一遍聖は備前国藤井という所の領主のもとへおいでになって、念仏を勧められた。そこで女性が一遍聖を尊敬し、説法を聴いて発心して、急に出家をしてしまった。このようにして、一遍聖は福岡の市という所で念仏をお勧めになっていた。その女性の夫は吉備津宮の神主の子息であった。ちょうどそのころよそへ出かけて留守であったが、帰って来て妻を見ると相談もなく尼になっていた。目もくらむほど驚いて、言いようがなかった。事情を尋ねると、妻が答えるには、「尊い捨聖がおいでになりましたが、出離生死の理と念仏往生を説かれるのを聴かせていただきました。明日をも知れないかりそめの姿はいつまでもこのような状態ではいられないだろうと気づき、出家させていただきました」と言った。夫はもとより自分本位の身勝手な人だったのでたいそう怒り、「その法師がどこに行こうとも探しあてて切り殺す」と言って、大太刀を脇に挟んで急ぎ福岡の市へ向かっていった。その様子といえば、神が足を強く踏んで鳴り響かせるようであり、また木枯しが風を吹き鳴らすよりも激しいものであった。それはまるで秋の霜（大太刀）を携えた様子で薄い春の氷を踏むよりも危険なありさまであった。ついに夫は一遍聖たちに行き会った。夫は、険しい様で一遍聖に進み近づいたので、福岡の市の人びとは驚いて見ていると、一遍聖は少しも驚いた様子はなく、初めて出会った夫に向かって、「お前は吉備津宮の神主の息子だな」とおっしゃった。すると、夫は身の毛もよだち、たちまち怒りの心も消え、激しい感情も今では落ち着いた気持ちになった。妻が発心したのも当然なことと思い、一遍聖を知識として出家を遂げた。

昔中国の揚州で、一人の精肉業者が善導和尚を殺そうとした時、西方極楽世界のありさまが和尚の掌中に映し出されたのを拝して、たちまちに捨身往生を遂げたという故事がある。今、備州の勇士が一遍聖を殺そうとする心をひるがえして、出家修行の道に入った。昔と今とは奇瑞は異なっているが、機法の感応は同じものではないだろうか。

ある時、作られた頌にある。

六字之中　本無生死
一声之間　即証無生

（六字の名号にはもとより生死の迷いはない。名号を称える一声の間にすなわち生死を超えたさとりがある）

またお詠みになった。

おもひとけば　すぎにしかたも　ゆくすゑも
　　一むすびなる　ゆめの世の中

（よくよく考えてみると、過去のありさまも未来のことも、ただ一結びとなっている夢の世の中のようなものだ）

《絵》

一遍上人縁起絵第二

第一段

《原文》

同《どう》二《に》年《ねん》信濃国《しなののくに》佐久郡《さくのこおり》伴野《ともの》といふ所《ところ》にて歳末《さいまつ》の別時《べつじ》に紫雲《しうん》始《はじ(め)》て立《た》(ち)侍《はべ》り　さて其《そ》(の)所《ところ》に念仏往《ねんぶつおう》生《じょう》をねがふ人《ひと》ありて聖《ひじり》を留《とど》(め)たてまつりける比《ころ》　すゞろに心《こころ》すみて念仏《ねんぶつ》の信心《しんじん》もおこり　踊躍歓喜《ゆやくかんぎ》の涙《なみだ》いともろくおちければ同行共《どうぎょうとも》に声《こえ》をとゝのへて念仏《ねんぶつ》し　提《ひさげ》をたゝいてをどり給《たま》(ひ)けるを見《み》るもの随喜《ずいき》し　きく人渇仰《ひとかつごう》して金磬《きんけい》をみがき鋳《い》させて聖《ひじり》にたてまつりけり　しかれば行者《ぎょうじゃ》の信心《しんじん》を踊躍《ゆやく》の貌《かたち》に示《しめ》し　報仏《ほうぶつ》の聴許《ちょうきょ》を金磬《きんけい》の響《ひびき》にあらはしてながきねぶりの衆生《しゅじょう》をおどろかし群迷《ぐんめい》の結縁《けちえん》を勧《すす》む　抑々《そもそも》をどり念仏《ねんぶつ》とは空也上人《くうやしょうにん》或《あるい》は市屋《いちや》或《あるい》は四條辻《しじょうつじ》にて始行《しぎょう》(し)給《たま》(ひ)けり　彼《か》(の)詞《ことば》(に)云《いわ》(く)　心無所縁随日暮止　身無所住随夜暁去　忍辱衣厚不痛杖木瓦石　慈悲室深不聞罵詈誹謗　信口称三昧市中是道場　随声見仏息精即念仏　夜々待仏来迎朝々喜最後近　任三業於天運譲四儀於菩提文〔心に所縁無《しょえんな》ければ日《ひ》の暮《く》れに随《したが》って止《と》まり　身《み》に所住無《しょじゅうな》ければ夜《よる》の暁《あかつき》に随《したが》って去《さ》る　忍辱《にんにく》の衣厚《ころもあつ》ければ杖木瓦石《じょうもくがしゃく》を痛《いた》まず　慈悲《じひ》の室深《むろふか》ければ罵詈誹謗《ばりひぼう》を聞《き》かず　口称《くしょう》に任《まか》する三昧《ざんまい》なれば市中《しちゅう》これ道場《どうじょう》　声《こえ》に随《したが》う見仏《けんぶつ》なれば息精即《そくしょうすなわ》ち念仏《ねんぶつ》　夜《よ》な夜《よ》な仏《ほとけ》の来迎《らいこう》を待《ま》つ　朝《あさ》な朝《あさ》な最後《さいご》の近《ちか》づくを喜《よろこ》び　三業《さんごう》を天運《てんうん》に任《まか》せ四《し》

儀《ぎ》を菩提《ぼだい》に譲《ゆず》る」 それよりこのかたまなぶものをのづからありといへども利益《りやく》猶《なお》あまねからず 而《しか》(るに)今時至《いまときいた》り機熟《きじゅく》して化導諸国《けどうしょこく》にひろがりけるにや 誠《まこと》に能忍慈尊二仏《のうにんじそんにぶつ》の中間《ちゅうげん》にも世々《よよ》に仏《ほとけ》出《い》(で)給《たま》(ひ)て済度利生《さいどりしょう》し給《たま》(ふ)かとぞ貴《とうと》みあへりし

或時《あるとき》よみ給《たま》(ひ)ける　聖《ひじり》

おしむなよ　まよふこゝろは　おほえやま
いく野《の》の露《つゆ》と　きえやすき身《み》ぞ
おもひしれ　うき世《よ》の中《なか》の　すみ染《ぞめ》の
いろいろしさに　まよふこゝろを

《絵》

《語句》

○信濃国佐久郡伴野《しなののくにさくのこおりともの》…現、長野県佐久市伴野　○渇仰《かつごう》…仏道を深く信仰すること　○報仏《ほうぶつ》…報身仏（法性の体を法身と名づけ、法性に覚知の徳あれば仏と名づく）　○聴許《ちょうきょ》…聞き入れて許すこと　○群迷《ぐんめい》…迷いの多い衆生　○結縁《けちえん》…仏法に縁を結ぶこと　○空也上人《くうやしょうにん》…平安中期の民間浄土教の僧　○市屋《いちや》…平安京の東市（現、京都市下京区七条通大宮周辺）周辺　○四條《しじょう》…平安京の東西要路である四条大路（現、京都市四条通り）　○三業《さんごう》…身業、口業、意業の三つで起こす「業」　○四儀《しぎ》…四威儀（人間の行動を四種に分類したもの。一に行、二に住、三に坐、四に臥）　○能《のう》忍慈尊《にんじそん》…釈迦と弥勒菩薩　○済度《さいど》…迷いのある者を導いてさとりの境界へ救い渡すこと　○利生《りしょう》…利益衆生（仏教

を人びとに教え、さとりへと導くこと）

《現代語訳》

同（弘安）二年（一二七九）、一遍聖は信濃国佐久郡伴野という所で歳末別時念仏会をされた時に紫雲が初めて立った。さて、その所に念仏往生を願う人がいて一遍聖をお留めしたころ、自然に心が澄んで念仏の信心が起こり、踊躍歓喜の涙も自然と落ちた。そして、同行も共に声を整えて念仏し、一遍聖が提を叩いて踊られたのを見た者は随喜し、聞いた人は渇仰して金磬をみがいて鋳造させて一遍聖にさしあげた。そのため、行者の信心を踊躍の形に示し、報身仏の聴許を金磬の響きに表して永いねむりにある衆生を驚かし、迷いの世界に生きる者の結縁を勧めるのである。

そもそも、踊り念仏は空也上人が市屋あるいは四条の辻でお始めになった。空也上人のお言葉に「心に執着がなければ日が暮れるに従いとまり、身に住むべき所がなければ夜が明けるに従い立ち去る。忍辱の衣が厚いから杖木で叩かれても、瓦石を投げられても痛くはない。慈悲の室が深いので、罵詈誹謗も聞こえない。口にまかせて称える念仏三昧であれば、市中がそのまま道場となる。念仏の声に従って見仏するのであれば、出でいる息がそのまま念仏である。毎夜仏の来迎を待ち、毎朝臨終に近づくのを喜びとする。三業をすべて天運に任せ、四威儀を菩提に譲る」とある。それ以来、この踊り念仏を自然にまねするものがあったが、化益はあまり広まらなかった。しかし、今、時が熟して化導は諸国へと広まったのであろうか。実に釈迦と弥勒の間においても仏がそれぞれ出世され、衆生を済度し利生してくださることこそ貴いことであった。

ある時に詠まれた　　　一遍聖

おしむなよ　まよふこゝろは　おほえやま
いく野の露と　きえやすき身ぞ
（私たちの心は迷いが多いが、大江山から生野にかかる露が消えやすいように、わが身もまた消えやすいことを知って、身命を惜しまず念仏に励むがよい）

おもひしれ　うき世の中の　すみ染の
いろいろしさに　まよふこゝろを
（墨染めの衣を着る仏の弟子となっても、浮世にあってはなまめかしい女色に迷う心のあることを思い知るべきである）

《絵》

第二段

《原文》

同三年奥州《どうさんねんおうしゅう》へおもむきたまふ　修行日《しゅぎょうひ》を送《おく》(り)て地形一《ちけいひとつ》にあらず月《つき》は野草《やそう》の露《つゆ》よりいでゝ遠樹《おんじゅ》の梢《こずえ》をいとはぬさかひもあり　日《ひ》は海岸《かいがん》の霧《きり》にかたぶきて双松《そうしょう》のみどりにうつろふ所《ところ》もあり　かくて白河《しらかわ》のせきにかゝられけるに関屋《せきや》を月《つき》のもるかげは人《ひと》のこゝろをとむるなりけりと西行《さいぎょう》がよみ侍《はべ》(り)けるをおもひいでられてせき屋《や》の柱《はしら》にかきつけ給《たま》(ひ)ける

しらかはの　せきぢにも猶《なお》　とゞまらじ
　こゝろのおくの　はてしなければ
他阿弥陀仏《たあみだぶつ》

聖《ひじり》も又《また》よみてかゝれける

ゆく人《ひと》を　みだのちかひに　もらさじと
　名《な》をこそとむれ　しら河《かわ》のせき

《絵》

《語句》

○奥州《おうしゅう》…現在の青森県・岩手県・宮城県・福島県と、秋田県北東部にあたる　○白河《しらかわ》のせき…福島県白河市に設けられた関所

《現代語訳》

同（弘安）三年（一二八〇）、一遍聖は奥州へ向かわれた。修行の日々を送り一つの場所に留まることなく、月は野草の露間から昇り、やがて遠樹の梢をいとわない境地になった。日は海辺の霧にかたむき、双松の緑がうつろう所もあった。

こうして、白河の関にさしかかったとき、「白河の関屋《せきや》を月《つき》のもるかげは人《ひと》のこゝろをとむるなりけり（白川の関屋に漏れいる月の光は能因法師がいた頃を思い出させ、旅人の心をひきとめる）」と西行が歌を詠まれたのを思い出して関屋の柱に書き付けられた。

他阿弥陀仏の詠まれた歌

しらかはの　せきぢにも猶　とゞまらじ
こゝろのおくの　はてしなければ

（白河の関にもなお留まることはなく、奥州の果てにむかうが、それはあたかも、心の奥底がはてしないようなものである）

一遍聖も、また詠んで書かれた。

ゆく人を　みだのちかひに　もらさじと
　名《な》をこそとむれ　しら河《かわ》のせき

（この白河の関を往来する人を弥陀の本願の網に漏らさないように、柱に南無阿弥陀仏の名号を書きとめる）

《絵》

第三段

《原文》

さていまははるかにみちのおくにも分《わ》（け）入《い》（り）ぬる心地《ここち》して里《さと》の名《な》をとへばちかのしほがまとなむこたふるほどに　明神《みょうじん》に念仏法楽《ねんぶつほうらく》して松島《まつしま》へまうでられたりけるに　こゝは見仏上人《けんぶつしょうにん》の旧跡《きゅうせき》といふをきゝて

紫《むらさき》の　雲《くも》のむかへを　まつしまや
　他阿弥陀仏《たあみだぶつ》

ほとけみるてふ　名《な》さへなつかし

《絵》

《語句》
○ちかのしほがま…千賀の塩竈。現、宮城県塩竈市（千賀ノ浦）　○念仏法楽《ねんぶつほうらく》…念仏を唱え神仏を供養すること
○見仏上人《けんぶつしょうにん》…生没年不詳。鎌倉初期の僧

《現代語訳》
さて、今は遠くはるかに陸奥に分け入った思いがして、里の名を問えば、「ここは、千賀の塩竈である」とまさに答えた。明神（塩釜神社）で念仏法楽を行い松島に参詣された。ここは見仏上人の旧跡というのを聞いて他阿弥陀仏の詠まれた歌

紫の　雲のむかへを　まつしまや
　ほとけみるてふ　名さへなつかし
（紫雲と仏の来迎を待つように、私は松島で見仏上人という名を聞いて心が惹かれる）

《絵》

第四段

《原文》

弘安《こうあん》五年《ごねん》相模国《さがみのくに》龍口《たつのくち》といふ所《ところ》にて利益《りやく》せられけるに　鎌倉《かまくら》の辺土《へんど》なれば貴賤《きせん》上下《じょうげ》群集《ぐんじゅう》す　紫雲《しうん》の立《た》(つ)朝《あした》もあり花《はな》もふる夕《ゆうべ》もあり　瑞相《ずいそう》一《ひと》(つ)にあらず　其《そ》(の)比《ころ》詫麻《たくま》僧正《そうじょう》于時法印送《おく》(り)給《たま》(ふ)状《じょう》(に)云《いわ》(く)

仏子公朝　跪合掌而言

南無西方極楽化主阿弥陀仏　南無観音勢至諸菩薩清浄大海衆　照無二之誠心哀専一之勤修　歳末歳来往生願無倦　若坐若立称念功漸積而聞上人済度之悲願　溺下愚随喜之涙行　且為結縁且為値遇　奉寄書信於沙村之浄場　欲期引導於金刹之妙土　縦有前後之相違莫忘慇懃之芳契　恐々敬白

五月二十六日　　法印公朝

還来《げんらい》穢《え》国《こく》上人《しょうにん》足下《そっか》

くもりなき　空《そら》にふけゆく　月《つき》もみよ

こゝろはにしに　かたぶける身《み》ぞ

返報《へんぽう》(に)云《いわ》(く)

一称名号中　三尊垂化用

十方衆生前　九品願《(ママ)》来迎

くもりなき　そらはもとより　へだてねば

こゝろぞにしに　ふくる月影《つきかげ》

南無阿弥陀仏《なむあみだぶつ》　　六十万人知識一遍《ろくじゅうまんにんちしきいっぺん》

この人は園城一流《おんじょういちりゅう》の智徳《ちとく》として柳営数代《りゅうえいすだい》の護持《ごじ》をいたす　和漢《わかん》の好士優色《こうしゆうしょく》の名人《めいじん》なるを上人《しょうにん》に帰《き》依《え》し給《たま》(ひ)しさまなをざりならざりしは見《み》たてまつりおもへる所《ところ》ならむやとぞ覚《おぼ》(え)侍《はべ》りし

或人念仏法門尋《あるひとねんぶつほうもんたず》(ね)申《もう》(し)けるに

念仏往生者念仏　即　往生也《ねんぶつおうじょうとはねんぶつすなわ(ち)おうじょうなり》　南無《なむ》といふは能帰《のうき》の心《こころ》　阿弥陀《あみだ》とは所帰《しょき》の行《ぎょう》　心行相応《しんぎょうそうおう》する一念《いちねん》を往生《おうじょう》といふ　南無阿弥陀仏《なむあみだぶつ》と唱《とな》(へ)て後《のち》わが心《こころ》の善悪是非《ぜんなくぜひ》を論《ろん》ぜず　後念《ごねん》のこゝろを用《もち》(ひ)ざるを信心決定《しんじんけつじょう》の行者《ぎょうじゃ》とは申《もう》す也《なり》　只今《ただいま》の称名《しょうみょう》のほかに臨終《りんじゅう》あるべからず　たゞ南無阿弥陀仏《なむあみだぶつ》〳〵ととなへて命終《みょうじゅう》するを期《ご》とすべし

《絵》

《語句》
○相模国《さがみのくに》 龍口《たつのくち》…現、神奈川県藤沢市片瀬にある龍口寺附近を比定　○瑞相《ずいそう》…不可思議なこと、めでたいしるしのこと　○園城《おんじょう》…現、天台寺門宗総本山園城寺（三井寺）のこと　○柳営《りゅうえい》…将軍家　○和漢《わかん》…日本と中国　○好士《こうし》優色《ゆうしょく》…優れた立派な人　○法門《ほうもん》…教えのこと　○能帰《のうき》…たのみ、任せること　○所帰《しょき》…服すること、順ずること

《現代語訳》
弘安五年（一二八二）、一遍聖は相模国龍口という所で利益されていたところ、鎌倉から遠く離れた土地であったので、身分の隔てなく多くの人が集まった。紫雲が立つ朝もあり、空から花が降る夕もあった。度々こうした瑞相が起こった。

この頃、託麻の僧正［その時法印であった］が一遍聖に送られた手紙には次のようにあった。

仏子公朝ひざまずいて合掌して申し上げる。

南無西方極楽世界の化主阿弥陀仏、南無観音勢至、諸々の菩薩衆、清浄大海衆、無二の誠心を照らし、ひたむきな仏道修行を哀れみたまわらんことを。年が暮れ、年が明け、往生の願は倦むことがない。坐しても立っても称名念仏の功ようやく積もり、今、一遍聖の済度の悲願を聞くことが出来た。苦海に溺れる愚かな私であるが、随喜の涙がこぼれる。一つには仏縁を結ぶため、一つには一遍聖にお目

にかかるため、この手紙を砂のはまの浄らかな道場へ差し上げる。浄土へお導き下さることを期待している。たとえ往生の時に前後の違いがあっても、懇ろなお約束をお忘れにならないように。つつしんで申し上げる。

弘安五年五月二十二日　　　法印　公朝

謹上　還来穢国　一遍上人　おんもとへ

くもりなき　空にふけゆく　月もみよ
　　　こゝろはにしに　かたぶける身ぞ

（曇りなく晴れ渡った空に夜が更けて行く月も観よ。月が西に傾くように心は西方極楽世界へと傾いている私である）

ご返事に次のようにありました。

一称名号中　三尊垂化用
十方衆生前　九品願《（ママ）》来迎

（一声の名号の中には、弥陀三尊のお導きの恩恵があり、一切衆生の前に九品いずれの者に対しても弥陀がお迎えに顕れる）

くもりなき　そらはもとより　へだてねば
　　　　こゝろぞにしに　ふくる月影
（曇り無く晴れ渡った空はもともとへだてがないように、弥陀の救いは隔てがないので、心はふけ行く月影と共に西方極楽世界へ向かうのである）
南無阿弥陀仏《なむあみだぶつ》　六十万人知識一遍《ろくじゅうまんにんちしきいっぺん》

この人は園城寺で一流の智者として将軍家数代の護持僧をしていた。さらに和歌と漢詩に大変優れた人であるが、一遍聖に帰依する姿は熱心であった。その様子を見るかぎり、何か思うところがあるように思われた。

ある人が念仏の教えについて尋ねたので、次のようにお答えになった。

念仏往生とは念仏がすなわち往生である。南無とは帰依する衆生の心であり、阿弥陀とは帰依される弥陀の行である。心と行が結びつく一念を往生という。南無阿弥陀仏と称えた後に我が心の善悪の是非も問わず、後念の心も持たない者を信心が定まった行者というのである。ただ今この称名念仏の他には臨終は決してないのである。ただ、南無阿弥陀仏、南無阿弥陀仏と称えて命尽きるのを待つべきである。

《絵》

第五段

《原文》

同年七月《どうねんふみづき》の比駿河国《ころするがのくに》井田《いだ》といふ所《ところ》におはしけるとき　あぢさかの入道《にゅうどう》と申《もう》（す）もの時衆《じしゅう》に入《はい》（る）べきよし申《もう》（し）けれどもゆるされなかりければ　さていかにとして生死《しょうじ》をば離《はな》（れ）侍《はべ》るべきぞと申《もう》（す）にたゞ念仏申《ねんぶつもう》（し）てしぬるより外《ほか》は別事《べつのこと》なしとのたまひけるをさてはやすき事《こと》に侍《はべ》り蒲原《かんばら》にて待《ま》（ち）たてまつるべしとてゆきけるが　冨士河《ふじがわ》のはたに立《た》（ち）寄《よ》（り）て馬《うま》にさしたる縄《なわ》をときて腰《こし》につけて汝等《なんじら》つゐ《（ママ）》に引《いん》接《じょう》の讃出《さんいで》すべしといひければ　下人共《げにんども》こはいかなる事《こと》ぞと申《もう》（す）に　南無阿弥陀仏《なむあみだぶつ》と申《もう》（し）てしねば仏《ほとけ》来迎《らいこう》し給《たま》（ふ）と聖《ひじり》の仰《おお》（せ）られつれば極楽《ごくらく》へとくしてまいるべし　なごりをおしむ事《こと》なかれとて十念唱《じゅうねんとな》（へ）て河《かわ》に入《い》（り）にければやがて紫雲水《しうんみず》にうつろひ音楽浪《おんがくなみ》にひびく　暫《しばら》（く）ありて縄《なわ》を引《ひ》（き）あげたれば合掌《がっしょう》の印《いん》すこしも乱《みだ》れず往生《おうじょう》の相《そう》めでたかりけるとなむ

聖《ひじり》（の）歌《うた》（に）云《いわ》（く）

こゝろをば　西《にし》にかけひの　ながれ行《ゆ》（く）
水《みず》のうへなる　あはれ世《よ》の中《なか》

《絵》

《語句》

○駿河国《するがのくに》井田《いだ》…現、静岡県沼津市戸田《へだ》　○冨士河《ふじがわ》…山梨県と静岡県を流れる河川、富士川　○時衆《じしゅう》…一遍について遊行する集団　○引接《いんじょう》…仏が来迎して衆生を浄土へ導くこと　○蒲原《かんばら》…現、静岡県静岡市清水区蒲原　○つゐに引接《いんじょう》の讃《さん》…『直談鈔』では源信『来迎讃』の一節とするが、『晨朝居讃』の一節であるとする説もある

《現代語訳》

同（弘安）五年（一二八二）七月頃、一遍聖は、駿河国井田という所に訪れになられた時、あぢさかの入道というものが「時衆に入りたい」と申し出たが、一遍聖のお許しがでなかったので、「どのようにしたら生死の苦しみから離れることができるのでしょうか」と聞くと、「ただ念仏を称え臨終を迎える他は何もない」と答えられた。「それは簡単な事です」とあぢさか入道は言い、蒲原でお待ち申し上げると言って出かけた。しかし、富士川の岸に立ち寄って、馬の口につけていた縄を解いて腰につけ、「お前たち『ついに引接の讃』を唱えよ」と命じた。そこで、命じられた従者が「これはどうしたことでしょうか」と入道に尋ねると、「南無阿弥陀仏と申して臨終を迎えれば、仏はお迎え下さると一遍聖がおしゃったのだから、極楽へこのようにして参るつもりである。名残を惜しんではならない」と言って十念を称えて入水した。やがて紫雲が水に映り、音楽が波に響いた。しばらくして縄を引き上げると、合掌の手が少しも乱れず、往生の姿は尊いありさまであったということである。

一遍聖の歌には、

こゝろをば　西《にし》にかけひの　ながれ行《ゆ》(く)
　水《みず》のうへなる　あはれ世《よ》の中《なか》

(心を西方極楽世界に思いをはせて往生を急ぐが、それはまるで筧の中を流れる水上に浮かぶ泡のごとくにはかなく消える命のようである。悲しい人の世であろうか)

《絵》

一遍上人縁起絵第三

第一段

《原文》

尾張国《おわりのくに》甚目寺《じもくじ》は推古天皇御宇《すいこてんのうぎょう》蒼海《そうかい》の底《そこ》より観音《かんのん》の像《ぞう》を感得《かんとく》し奉《たてまつ》(り)て伽藍《がらん》を建立《こんりゅう》す　霊験無双《れいげんむそう》の本《ほん》尊也《ぞんなり》　爰《ここ》(に)聖《ひじり》請《しょう》に応《おう》じて当寺《とうじ》にして七ケ日《しちかにち》の行法《ぎょうほう》を始行《しぎょう》(し)給《たま》ひけるに　供養力《くようちから》尽《つ》(き)て寺僧《じそう》等《ら》歎《なげ》(き)合《あ》(ひ)ければ聖曰《ひじりいわ》(く)「志《こころざし》あらば何日《なんにち》なりとも留《とどむ》(る)べし　衆生《しゅじょう》の信心《しんじん》より感《かん》ずれば其《そ》(の)志《こころざし》を受《う》(くる)許也《ばかりなり》　されば仏法《ぶっぽう》の味《あじわい》を愛楽《あいぎょう》して禅三昧《ぜんざんまい》を食《じき》とすといへり　若《も》(し)身《み》の為《ため》に衣食《えじき》を事《こと》とせばまたく衆生《しゅじょう》利益《りやく》の門《もん》にあるべからず　暫《しばら》(く)在家《ざいけ》に立《た》(ち)向《むか》(ふ)は是《こ》(れ)随類応同《ずいるいおうどう》の儀也《ぎなり》　ゆめ〳〵歎《なげ》き給《たま》(ふ)べからず　我《われ》と七日《しちにち》を満《まん》ずべし」との給《たま》(ひ)ける　其《そ》(の)夜萱津宿《よかやづのしゅく》に侍《はべ》る在家人《ざいけにん》あまた同時《どうじ》に夢想《むそう》を被《こうむ》る　此《こ》(の)本尊《ほんぞん》の傍《かたわら》に座《ざ》す毘沙門天王《びしゃもんてんのう》彼《か》(の)宿《しゅく》におはして我一大事《われいちだいじ》の客人《きゃくじん》を得《え》たり　必《かなら》(ず)供養《くよう》すべしと示《しめ》(し)給《たま》(ふ)　仍《よっ》(て)其《そ》(の)朝相伴《あしたあいともな》(ひ)て夢想《むそう》のやうしか〴〵と語《かた》(り)申《もう》(し)て供養《くよう》をのべけるとき見奉《みたてまつ》れば　此《こ》(の)毘沙門御座《びしゃもんおんざ》を去《さ》(り)て歩《あゆ》(み)出《い》(で)給《たま》(ひ)にけり　人皆不《ひとみなふ》思議《しぎ》の思《おも(い)》に住《じゅう》して寺《てら》の伝記《でんき》に載《の》(せ)畢《おわ》(んぬ)　彼《か》(の)多門天《たもんてん》は本《もと》よりかゝる霊験《れいげん》を顕《あらわ》(し)給《たま》(ふ)事《こと》おほしとぞ申《もう》(し)伝《つた》(へ)たる　又僧尼《またそうに》の両方《りょうほう》の隔《へだ》(て)に十二《じゅうに》の箱《はこ》を置《お》(き)て蓋《ふた》の上《うえ》に白《しろ》き色《いろ》を四五寸許一《しごすんばかりひと》

筋《すじ》とをされたり　是《これ》は水火《すいか》の中路《ちゅうろ》の白道《びゃくどう》になぞらへて男女《なんにょ》の愛恚《あいい》をさけむがため也《なり》　数十二《かずじゅうに》は十二光日《じゅうにこうにち》没《もっ》の礼讃《らいさん》の心《こころ》なるべし　又《また》は函蓋相応《かんがいそうおう》の儀能所不二《ぎのうしょふに》の理《ことわり》を表《ひょう》せられけるにや

或時《あるとき》書《か》(き)給《たま》(ふ)誓願文《せいがんもん》(に)云《いわ》(く)

我弟子等　願従今身　尽未来際　不惜身命
帰入本願　畢命為期　一向称名　不説善悪
不行善悪　如此行人　依本願故　阿弥陀仏
観音勢至　五々菩薩　無数聖衆　六方恒沙
証誠諸仏　昼夜六時　相続無間　如影随形
無暫離時　慈悲護念　令心不乱　不受横病
不遇横死　身無苦痛　心身安楽　如入禅定
命断須臾　聖衆来迎　乗仏願力　往生安楽

(我《われ》ら弟子《でし》等《とう》、願《ねが》わくは今身《こんじん》より、未来際《みらいさい》を尽《つ》くすまで、身命《しんみょう》を惜《お》しまず、本願《ほんがん》に帰入《きにゅう》し、畢名《ひつみょう》を期《ご》として、一向《いっこう》に称名《しょうみょう》し、善悪《ぜんなく》を説《と》かず、善悪《ぜんなく》を行《ぎょう》せず、此《かく》の如《ごと》きの行人《ぎょうにん》は、本願《ほんがん》に依《よ》るが故《ゆえ》に、阿弥陀仏《あみだぶつ》、観音勢至《かんのんせいし》、五々《ごご》の菩薩《ぼさつ》、無数《むしゅ》の聖衆《しょうじゅ》、六方恒沙《ろっぽうごうじゃ》、証誠諸仏《しょうじょうしょぶつ》、昼夜六時《ちゅうやろくじ》に、相続《そうぞく》して間《ひま》なく、影《かげ》の形《かたち》に随《したが》うが如《ごと》く、暫《しばら》くも離《はな》るる時無《ときな》く、慈悲護念《じひごねん》したまえ、心《こころ》をして乱《みだ》れざらしめ、横病《おうびょう》を受《う》けず、横死《おうし》に遇《あ》わず、身《み》に苦痛無《くつうな》く、心身安楽《しんじんあんらく》にして、禅定《ぜんじょう》に入《い》るが如《ごと》く、命断須臾《みょうだんしゅゆ》に、聖衆来迎《しょうじゅらいこう》したまえ、仏《ほとけ》の願力《がんりき》に乗《じょう》じて、安楽《あんらく》に往生《おうじょう》せん）

又《また》ある人法門尋《ひとほうもんたず》（ね）申《もう》（し）けるに書《か》（き）てつかはされける　聖《ひじり》

春過《はるす》（ぎ）秋来《あききた》れどもすゝみがたきは出離《しゅつり》の道《みち》　花《はな》を惜《お》（し）み月《つき》をながめてもおこりやすきは輪廻《りんね》の妄念也《もうねんなり》　罪障《ざいしょう》の山《やま》にはいつとなく煩悩《ぼんのう》の雲厚《くもあつ》（く）して仏日《ぶつにち》のひかり眼《まなこ》に遮《さえぎ》らず　生死《しょうじ》の海《うみ》には　鎮《とこしなえ》に無常《むじょう》の風《かぜ》はげしくして真如《しんにょ》の月《つき》やどる事《こと》なし　生《しょう》を受《う》（くる）に随《したが》（ひ）てくるしみにくるしみをかさね　死《し》に帰《き》（する）に随《したが》（ひ）てくらきよりくらき道《みち》に赴《おもむ》く　六道《ろくどう》の街《ちまた》には迷《まよ》はぬ所《ところ》もなく四生《ししょう》の枢《とぼそ》にはやどらぬすみかなし　生死《しょうじ》の転変《てんぺん》をば夢《ゆめ》とやいはむうつゝとやいはむ　これを有《う》といはんとすれば雲《くも》とのぼり煙《けむり》ときえて空《むな》（し）きそらにかげをとゞむる人《ひと》なし　無《む》といはむとすれば又恩愛別離《またおんあいべつり》の歎《なげ》（き）心のうちにとゞまりて　腸《はらわた》をたち　魂《たましい》をまどはさずといふ事《こと》なし　彼《か》（の）芝蘭《しらん》の　契《ちぎり》のたもと　かばねをば愁歎《しゅうたん》の焔《ほのお》にこがせども紅蓮大紅蓮《ぐれんだいぐれん》の氷《こおり》はとくる事《こと》あるべからず　鴛鴦《えんおう》のふすまの下《した》に眼《まなこ》をば慈悲《じひ》の涙《なみだ》にうるをせども焦熱大焦熱《しょうねつだいしょうねつ》の炎《ほのお》はしめる事《こと》なかるべし　徒《いたずら》に歎《なげ》き徒《いたずら》にかなしみて人《ひと》も迷《まよ》ひ我《われ》もまどはんよりは早《はや》（く）三界苦輪《さんがいくりん》のさとを出《い》でて程《ほど》なく九品蓮台《くほんれんだい》のみやこにまうづべし　此《ここ》（に）苦悩《くのう》の娑婆《しゃば》はたやすく離《はな》（れ）がたく無為《むい》の境界《きょうがい》はなをざりにしていたる事《こと》を得《え》ず　適々本願《たまたまほんがん》の強縁《ごうえん》にあへるとき　急《いそ》（ぎ）はげまずしてはいづれの生《しょう》をか期《ご》すべき他力《たりき》の称　名《しょうみょう》は

不思議《ふしぎ》の一行也《いちぎょうなり》　弥陀超世《みだちょうせ》の本願《ほんがん》凡夫《ぼんぶ》出離《しゅつり》の要道《ようどう》なり　身《み》をわすれて信楽《しんぎょう》し声《こえ》にまかせて唱《とな》(ふ)べし

又和讃《またわさん》をつくりて時衆《じしゅう》にぞあたへられける讃《さん》(に)曰《いわ》(く)

身《み》を観《かん》ずれば水《みず》の泡《あわ》　消《き》(え)ぬる後《のち》は人《ひと》もなし
命《いのち》を思《おも》へば月《つき》の影《かげ》　出《い》(で)入《い》る息《いき》にぞ留《とどま》らぬ
人天善所《にんでんぜんしょ》の形《かたち》をば　惜《おし》めども皆《みな》たもたれず
地獄鬼畜《じごくきちく》の苦《くる》(し)みは　厭《いと》へども又受《またう》(け)やすし
眼《まなこ》の前《まえ》のかたちは　目《め》しゐてみゆる色《いろ》もなし
耳《みみ》のほとりのことのはは　耳《みみ》しゐて聞《き》(く)声《こえ》ぞなき
かをかぎ味《あじわ》(ひ)なむること　只暫《ただしばら》(く)のほどぞかし
息《いき》の操《あやつり》絶《た》(え)ぬれば　此《こ》(の)身《み》に残《のこ》る功能《くのう》なし
過去遠々《かこおんおん》の昔《むかし》より　今日今時《こんにちこんじ》に至《いた》るまで
おもひと思《おも》(ふ)事《こと》はみな　かなはねばこそ悲《かな》しけれ
聖道浄土《しょうどうじょうど》の法門《ほうもん》を　さとりと悟《さと》る人《ひと》はみな
生死《しょうじ》の妄念《もうねん》尽《つ》(き)ずして　輪廻《りんね》の業《ごう》とぞ成《な》(り)にける
善悪不二《ぜんなくふに》の道理《どうり》には　背《そむ》(き)はてたる心《こころ》にて

邪正一如《じゃしょういちにょ》と思《おも》(ひ)成《な》す
煩悩即《ぼんのうすなわ》(ち)菩提《ぼだい》ぞと
生死即《しょうじすなわ》(ち)涅槃《ねはん》とは
自性清浄法身《じしょうしょうじょうほっしん》は
迷《まよい》も悟《さとり》もなき故《ゆえ》に
万行円備《まんぎょうえんび》の報身《ほうじん》は
境智二《きょうちふた》(つ)もなき故《ゆえ》に
断惑修善《だんなくしゅぜん》の応身《おうじん》は
十悪五逆《じゅうあくごぎゃく》の罪人《ざいにん》に
名号酬因《みょうごうしゅういん》の報身《ほうじん》は
十方衆生《じっぽうしゅじょう》の願《がん》なれば
別願超世《べつがんちょうせ》の名号《みょうごう》は
口《くち》に任《まか》(せ)て唱《とな》(ふ)れば
始《はじ(め)》の一念《いちねん》より外《ほか》に
思《おも》(ひ)を重《かさ》(ね)て始《はじ(め)》とし
思《おも》(ひ)尽《つ》(き)なん其《そ》(の)後《のち》に
仏《ほとけ》も衆生《しゅじょう》も一《ひと》(つ)にて

冥《みょう》の知見《ちけん》ぞはづかしき
聞《き》(き)て罪《つみ》をばつくれども
いへども命《いのち》を惜《おし》(む)かな
如々常住《にょにょじょうじゅう》の仏《ほとけ》なり
知《し》(る)もしらぬも益《やく》ぞなき
理智冥合《りちみょうごう》の仏《ほとけ》なり
心念口称《しんねんくしょう》に益《やく》ぞなき
随縁治病《ずいえんちびょう》のほとけ也《なり》
無縁出離《むえんしゅつり》の益《やく》ぞなき
凡夫出離《ぼんぷしゅつり》の仏《ほとけ》なり
一人《ひとり》も漏《も》るゝ過《とが》ぞなき
他力不思議《たりきふしぎ》の力《ちから》にて
声《こえ》に生死《しょうじ》の罪《つみ》きえぬ
最後《さいご》の十念《じゅうねん》なけれども
思《おも》ひのつくるを終《おわ(り)》とす
始《はじ》め終《おわ》(り)はなけれども
南無阿弥陀仏《なむあみだぶつ》とぞ申《もう》(す)べき

早《はや》(く)万事《ばんじ》をなげすて、
なもあみだ仏《ぶつ》と息絶《いきた》(ゆ)る
此《こ》(の)時極楽世界《ときごくらくせかい》より
無数《むしゅ》(の)恒沙《ごうじゃ》の大聖衆《だいしょうじゅ》
一時《いちじ》に御手《みて》を授《さず》(け)つゝ、

一心《いっしん》に弥陀《みだ》をたのみつゝ、
此《これ》ぞ思《おも》(ひ)のかぎりなる
弥陀観音大勢至《みだかんのんだいせいし》
行者《ぎょうじゃ》の前《まえ》に顕現《けんげん》し
来迎引接《らいこういんじょう》たれたまふ

或野原《あるのはら》をすぎられけるに人《ひと》の骸骨多《がいこつおお》くみえければ

聖《ひじり》

をしめども　つゐにのはらに　すてゝけり
　はかなかりける　人のはてかな
はかなしや　しばしかばねの　くちぬほど
　野原《のはら》のつちは　よそにみえけり
かはにこそ　おとこをんなの　いろもあれ
　ほねにはかはる　人かたもなし

《絵》

《語句》
○尾張国甚目寺《おわりのくにじもくじ》…現、愛知県あま市甚目寺町　○萱津《かやづ》…現、愛知県あま市甚目寺町萱津　○十二光《じゅうにこう》…十二光仏。光明の徳から称した十二種類の阿弥陀仏の別称　○昼夜六時《ちゅうやろくじ》…六時とは、昼夜を六等分した念仏読経の時刻（日没・初夜・中夜・後夜・晨朝・日中）。念仏行者が、昼夜六時に阿弥陀仏を礼拝し、その功徳を讃えることを六時礼讃といい、またその偈を指す。中国浄土教家の善導『往生礼讃偈』の偈文を曲調に乗せ、詠唱するもの　○罪障《ざいしょう》…往生や成仏などの善果を得る妨げとなる悪い行為　○真如《しんにょ》…一切のもののありのままのすがた。永遠不変の真理　○四生《ししょう》…生物をその生まれ方から四種（胎生、卵生、湿生、化生）に分類したもの。○紅蓮大紅蓮《ぐれんだいぐれん》…紅蓮地獄と大紅蓮地獄。八寒地獄の第七と第八　○焦熱大焦熱《しょうねつだいしょうねつ》…八大地獄の第六と第七の焦熱地獄と大焦熱地獄　○三界苦輪《さんがいくりん》…三界（欲界、色界、無色界）に流転して苦しみの絶えないことを車の輪に喩えたもの　○九品蓮台《くほんれんだい》…西方極楽世界に往生するとき乗る蓮の台　○誓願《せいがん》…仏・菩薩が人びとの救済のために誓いを立てること　○本願《ほんがん》…本来の願い。仏・菩薩が過去世においてたてた衆生救済の誓い　○法身《ほっしん》…法身仏。真理そのもの、永遠の理法としての仏　○報《ほう》身《じん》…報身仏。菩薩であったとき願を立て、修行の成就によって、その報いとして得た仏身をいう　○応身《おうじん》…応身仏。世の人を救うためにその能力・素質に応じた種々の姿をとって現れた仏

《現代語訳》
尾張国甚目寺《じもくじ》は、推古天皇の時代、大海の底に観音像を感得して建立された寺院であり、本尊は霊験無双である。ここで一遍聖は寺僧たちの招待に応じて七日間の修行を始められた。しかし、途中で一遍聖への食事がなくなってしまったため、寺僧たちが嘆いていると、一遍聖は「念仏への志があれば、私は何日

でもここに留まりましょう。衆生の信心を感じることができたなら、その志を受けるばかりです。ですから、仏法味を楽しみ、禅定と三昧を食物とします。もし、我が身のために衣食を求めたら、それは衆生を利益する法門ではありません。しばらく在家の人びとと向き合うのは、その素質に応じて教化をするためです。決してお嘆きになるべきではありません。そして私と七日間の修行を満行しましょう」とおっしゃった。

その夜、萱津《かやづ》の宿にいる在家人の多くが同時に同じ夢を見た。甚目寺の本尊の傍らにいらっしゃる毘沙門天王が、「私は大切な客人を迎えた。人びとは必ず供養しなさい」とお示しになった。よってその朝、人びとが集まり、夢の様子を詳しく語り、供養したいと申し出た。毘沙門天王を拝見すると、御座から去って、お歩きになった。人びとは不思議に思い、寺の伝記に載せた。この多聞天（毘沙門天王）は、もともと霊験をあらわされることが多かったと伝えられている。

また、僧尼を隔てるために、十二光箱（境の葛籠）を置いて、その蓋の上に四、五寸（約十二〜十五センチ）幅の白線一筋を書いた。これは、水と火の中路の白道（二河白道）にたとえて、男女の愛欲と怒りを避けるためである。十二という数は、「日没礼讃」に説かれている十二光仏のことである。また、函蓋が相応することは、能所が不二であることを表されているのであろうか。

ある時お書きになられた誓願文には、

我ら仏の弟子たちは、今から未来永劫、身命を惜しまず、本願に従って、命が終わるまで、一向に念仏して、善悪を説かず、善悪を行じないように誓う。このような修行者は本願を依りどころとして、阿弥陀仏、観音菩薩、勢至菩薩、二十五菩薩、無数の聖者、六方世界の無数の仏が、一日中絶え間なく、影が形に随うように、少しの間も離れることなく、大慈悲の心で護られるであろう。心を乱されず、横病を受けず、横死に遇わず、体に苦痛なく、心と身体が穏やかで、禅定に入るように、命が終わるその瞬間に来迎があり、阿弥陀仏の本願によって、安楽に往生できるように願う。

また、ある人が法門についてお尋ねした時に、一遍聖は書いてお与えになられた。

春が過ぎ秋がやって来たが、出離の道を進むことは難しい。花を惜しみ、月を眺めても、輪廻の妄念はこみあげてくる。罪障の山にはいつも、煩悩の雲が厚く、み仏の教えの光も眼には届かない。生死を繰り返す迷いの海は、無常の風が激しく、真如の月がその海に映って見えることはない。命をこの世に受けて生きていくにしたがって、苦しみに苦しみを重ね、死ぬ時も暗い道から暗い道に向かって行く。六道に迷い、四生に留まる。生死の転変を夢と言おうか、現実と言おうか。生死の転変が有るとすれば、雲がのぼり、煙が消えて、むなしい空に影さえも留められる人はいない。無いとすれば、恩愛別離の嘆きが心に残り、はらわたを断ち、魂は迷う。芝蘭の契りをかわした友の屍を、嘆きの炎で焼いても、紅蓮大紅蓮の氷は融けることはない。夫婦の愛で眼が慈悲の涙に濡れても、焦熱大焦熱の炎が消えることはない。むやみに嘆き、むやみに悲しんで、人も私も迷い彷徨《さまよ》うならば、早く三界苦輪を出て、九品蓮台に行くべきである。苦悩ばかりの娑婆から簡単には離れられず、さとりの境地はなおざりな気持ちでは行くことはできない。たまたま阿弥陀仏の本願の強縁にあった時、急いで努力しなければいつ浄土に生まれることができるのであろうか。称名念仏は他力不思議の一行である。阿弥陀仏の超世の本願は、凡夫出離の要道である。この身を忘れて教えを信じ、声にまかせて念仏を称えるべきである。

また、一遍聖は和讃を作って時衆らにお与えになった。その和讃には、

わが身をみつめてみれば、あたかも水の泡のごとくにはかないもので、泡はあっという間に消えてしまうように、人もまた永遠に生き続ける人はいない。命はまるで東から昇り必ず西に沈む月影のようであり、吸った息は必ず吐き出すように、決して同じ状態で留まることはない。人間界、天界のような善処に生まれ、永遠にその姿でいたいと願っても、その状態を保つことはできない。地獄界、鬼畜界の苦しみは、避けようとしてもまた受けてしまう。目の前にある形ある物も、盲目になれば見ることができない。耳から聞こえる言葉は、耳が遠くなれば聞くことができない。良い香りをかぐ、良いものを味わうことは、一瞬のことに過ぎない。呼吸が止まれば、この身体に何の働きも残らない。遠い過去から現在に至るまで、人が望むことすべてが思い通りにならないので悲しい。聖道門や浄土門の法門をさとったという者は皆、生死の妄念が無くならないので、輪廻の業から離れられない。善悪不二の道理もわきまえず、その道理から外れた心をもち、邪正一如と思い込み、邪見の言い訳にする見解こそ恥ずかしいことである。煩悩はすなわち菩提であると言っては罪を作り、生死はすなわち涅

槃であると聞いても、身命を捨てるどころか命を惜しむではないか。本来穢れのない法身仏は決して変化しない永遠不滅の仏である。われわれのような迷いやさとりもなく、超越している存在なので、知ろうが知るまいが利益はない。誓願を建て、あらゆる修行の徳を円満に備えた報身仏は、真理と智慧が一体となった仏である。境智の区別が無くなっているので、凡夫がいくら心に念じても、仏の名を称えたとしても利益がない。悪を断じ、善を修めて仏となった応身仏は、さまざまな縁に従って示現し、心の病を治す仏である。十悪五逆を犯した罪人である凡夫にとっては無縁であり、出離のための利益はない。機法一体の名号という酬因の報身仏は、凡夫を穢土から出離して、浄土に導く仏である。十方衆生の願が名号には含まれているので、救済から漏れるような罪人などいない。超世の別願を備えた名号は、他力不思議の力をもっており、口にまかせて名号を称えれば、その一声で生死の罪が消える。初めの一念以外には、最後の十念などはなく、一念ごとに思いを重ねて始めとし、思いが尽きるのを終わりとするのである。思いも尽きたその後に、仏と衆生は一体となり、始めも終わりも無く、仏も衆生も一体として南無阿弥陀仏を称えるべきである。すみやかに一切を投げ捨てて、一心に阿弥陀仏をたのみ、南無阿弥陀仏を称えて息絶える、これこそが最上の願いである。まさに臨終の時には、極楽世界から、阿弥陀仏、観音菩薩、勢至菩薩をはじめ、無数の恒沙の大聖衆が行者の前に現れて来迎し、御手をさしのべられて、西方極楽世界に引接くださるのである。

ある野原を過ぎる時に多くの人の骸骨を見て

一遍聖

をしめども　つゐにのはらに　すて丶けり
　　はかなかりける　人のはてかな
（命を惜しんでも、最後には野原に捨てられてしまう。人間の最後は、はかないものだ）

はかなしや　しばしかばねの　くちぬほど
　　野原のつちは　よそにみえけり
（はかないなぁ、しばらくすると屍は朽ちていき、野原の土は、何もなかったかのように見られるであろう）

かはにこそ　おとこをんなの　いろもあれ
　　ほねにはかはる　人かたもなし
（皮膚があるからこそ、男女の違いがあるのであって、骨となっては、それも分からなくなってしまうものだ）

《絵》

第二段

《原文》

江州《ごうしゅう》大津《おおつ》の関寺《せきでら》につき給《たま》(ひ)けるに　叡山《えいざん》桜本《さくらもと》兵部《ひょうぶ》阿闍梨《あじゃり》宴聰《えんそう》といふもの侍《はべ》り　一遍房《いっぺんぼう》の関寺《せきでら》にあむなるゆきて法門《ほうもん》いひて御房《ごぼう》たちにつめてきかせむといひけるを　処々《しょしょ》にても学匠《がくしょう》多《おお》(く)帰伏《きふく》のよしきこえ侍《はべ》りいかゞあるべからむと門徒《もんと》等《ら》制《せい》しけれども　なにほどの事《こと》かあるべきとて行《い》(き)向《むか》(ひ)ぬ　宴聰一遍聖《えんそういっぺんひじり》と責《せ》(め)合《あ》(ふ)べかなりときゝて若学匠《わかがくしょう》共《ども》はしりあつまりてみけるに　宴聰聖《えんそうひじり》の前《まえ》へ近《ちか》く居《い》よりたりいかゞ発言《はつげん》せむずらむと耳《みみ》をすましたるに　おりふし暑預《やまのいも》をめしけるをくひきりてあの御房《ごぼう》これめせとて差《さ》し出《だ》されたりけるを　左右《さゆう》の手《て》を出《だ》して請《う》(け)取《と》(り)てくひける間《あいだ》　庭上《ていじょう》に立《た》(ち)ならびたる大衆《だいしゅ》同音《どうおん》にばつとわらひける中《なか》に　全範《ぜんはん》美濃《みのの》竪者《りっしゃ》といひける悪僧面《あくそうおもて》にあらはれてつむるまでは思《おも》(ひも)よらじ　おろしをくひつる上《うえ》は高声《こうしょう》にいひければ諸人《しょにん》比興《ひきょう》の事《こと》にのゝしりあへるほどに宴聰《えんそう》もおかしげに思《おも》(ひ)てをどりて念仏申《ねんぶつもう》さるゝけしからずとばかりいひければ

聖《ひじり》

はねばはね　をどらばをどれ　春駒《はるこま》の
のりのみちをば　しる人《ひと》ぞしる

返《かえ》し　　宴聴《えんそう》

心《こころ》ごま　のりしづめたる　ものならば
さのみはかくや　をどりはぬべき

又聖《またひじり》よみ給《たま》（ひ）ける

ともはねよ　かくてもをどれ　心《こころ》ごま
みだのみのりと　きくぞうれしき

其《そ》（の）後宴聴《のちえんそう》は発心《ほっしん》して念仏《ねんぶつ》の行者《ぎょうじゃ》となりて安楽《あんらく》の五坊《ごぼう》に籠居《ろうきょ》の志《こころざし》ありけるが　同朋共《どうほうども》の問《と》（ひ）来《きた》（る）も詮《せん》なく覚《おぼ》（え）て　小野宿《おののしゅく》の辺《あたり》小泉《こいずみ》といふ所《ところ》に庵室結《あんしつむす》（び）て五穀《ごこく》を断《だん》じ　名号《みょうごう》を唱《とな》（へ）て往生《おうじょう》をねがひけるとぞきこえし　又或僧心《またあるそうこころ》こそ詮《せん》なれ外相《げそう》いかでもありなむといひければ

聖《ひじり》

心《こころ》より　こゝろをえむと　こゝろへて
こゝろに迷《まよ》ふ　こゝろなりけり

又或時《またあるとき》

こゝろをば　心《こころ》のあだと　こゝろへて
心《こころ》のなきを　こゝろとはせよ

とにかくに　こゝろは迷《まよ》ふ　ものなれば
なむあみだぶぞ　にしへゆくみち

《絵》

《語句》

○関寺《せきでら》…現在の滋賀県大津市逢坂二丁目時宗長安寺付近に所在した。奈良時代に日本三大大仏と称された弥勒仏をはじめ壮大な伽藍を持つ大寺院であった。しかし地震などの災害により荒廃し、平安中期、復興の一端を迦葉如来の化身と信仰された牛が担ったという霊験譚をもち、逢坂の関もこの寺院の境内にあったと伝えられている。一遍ら時衆が関寺を訪れたころは園城寺の支配下にあり別所であった　○桜本兵部阿闍梨宴聴《さくらもとひょうぶあじゃりえんそう》…比叡山東塔の桜本の兵部省の阿闍梨の宴聴。比叡山延暦寺の学僧。『一遍聖絵』では、「桜本兵部堅者重豪《さくらもとひょうぶりっしゃじゅうごう》」と記載されている　○全《ぜん》範《はん》美濃堅者《みののりっしゃ》…『一遍聖絵』には記載されず。詳細不明　○安楽《あんらく》の五坊《ごぼう》…別名を安楽律院《あんらくりついん》（滋賀県大津市）という。横川飯室谷《よかわいいむろだに》に属し、飯室不動尊の北方、安楽谷と呼ばれる地に位置し、もと安楽院と称した。藤原師輔一門の僧、叡桓《えいかん》をはじめ範好、忠正、延久、惟慶の五僧により念仏道場として開かれたのが安楽院の始まり。後に、念仏聖たちの隠遁する別所として発展した　○小野宿《おののしゅく》…現、滋賀県彦根市小野町　○小泉《こいずみ》…現、滋賀県彦根市小泉町

《現代語訳》

一遍聖が江州大津の関寺にお着きになられた時、比叡山桜本《さくらもと》の兵部阿闍梨宴聴《ひょうぶあじゃりえんそう》という者がいた。一遍聖が関寺に居ると聞いて、そこに行き自らの法門を説いて、一遍聖が反論できないようにしようとした。

そこで、門徒たちは、あちこちの学匠たちが一遍聖に帰伏された評判を聞いていたので、いかがなものかと止めさせようとした。しかし宴聴はそのようなことはないと言って、一遍聖のところへ向かって行ってしまった。宴聴が一遍聖と法門を談じると聞いた若い修行者たちが走って集まってみると、宴聴が一遍聖の前に近寄っていた。どのようなことを言うのだろうかと、耳をすませていると、一遍聖はその季節に採れたやまの芋を食べていたのを食べちぎり、宴聴に「これを食べなさい」と差し出した。宴聴は左右の手を出してうけとりそれを食べた。それを庭で立ち並んで見ていた人びとは、一斉に笑った。人びとの中に全範《ぜんはん》美濃《みの》竪者《りっしゃ》という悪僧が正面に現れて「説法でやり込められるとは、思いもよらないことだ。一遍聖からお下がりを貰って食べるというのはそういうことだ」と、声高に言ったので、みんな面白がって騒いでいると、宴聴もおかしく思い「踊って念仏をするというのは、けしからんことだ」とだけ言ったので、

一遍聖

はねばはね　をどらばをどれ　春駒の
　のりのみちをば　しる人ぞしる

（若い馬のように、跳ねたければ跳ね、踊りたければ踊ればよい。仏の教えを知っている人は知っているのだから）

返歌　　　　　　宴聴

心ごま　のりしづめたる　ものならば
　　　　さのみはかくや　をどりはぬべき

（煩悩によってまるで若い馬のように跳ねる心を仏法によって静めた者であれば、そのようにむやみに、疾走するものだろうか。ましてや踊ったり跳ねたりするべきものか）

　また、一遍聖がお詠みになられた。

ともはねよ　かくてもをどれ　心ごま
　　　　みだのみのりと　きくぞうれしき

（ともかくも跳ねなさい、どんな状態でも踊りなさい、心の中の若い馬にまかせて。阿弥陀仏のみ教えを聞いたならば、踊躍歓喜なのだから）

　その後、宴聴は発心して念仏の修行者になり安楽の五坊に籠もる志があったが、仲間たちが尋ねて来ては意味が無いと思い、小野宿の近くの小泉という所に庵室を作り、五穀を断ち名号を称えて往生を願ったという。

　また、ある僧が「心こそが大事であり、外相はどうであってもかまわない」と、言ったので、

一遍聖

心より　こゝろをえむと　こゝろへて
　　　　　　　　　　こゝろに迷ふ　こゝろなりけり
（わが心の中から心を得ようと探し求めてみても、探そうとする心自体に迷いがあるのが心なのである）

　また、ある時

こゝろをば　心のあだと　こゝろへて
　　　　　　　　　　心のなきを　こゝろとはせよ
（心は心の害として捉えて、心を心だと思わない。つまり無心であるということを心がけなさい）

とにかくに　こゝろは迷ふ　ものなれば
　　　　　　　　　　なむあみだぶぞ　にしへゆくみち
（とにかく、心は迷うものなので、「南無阿弥陀仏」と称えることこそが西方極楽世界に往生する方法である）

《絵》

第三段

《原文》

同年《どうねん》閏《うるう》四月《うづき》十六日《じゅうろくにち》関寺《せきでら》を立《た》(ち)て洛中《らくちゅう》へいり給《たま》(ふ)　四條京極《しじょうきょうごく》の釈迦堂《しゃかどう》にて念仏《ねんぶつ》ありけるに種々《しゅじゅ》の瑞相《ずいそう》耳目《じもく》を驚《おどろ》(か)しければ　馬《うま》にむちうち車《くるま》にあぶらさして門前市《もんぜんいち》を成《な》す　其《そ》(の)時入道《ときにゅうどう》さきのうちのおほいまうちぎみ一念往生《いちねんおうじょう》の法門《ほうもん》尋《たず》(ね)申《もう》されて後《のち》に奉《たてまつ》(り)給《たま》(ひ)ける

一声《ひとこえ》と　ほのかにきけど　ほとゝぎす
　猶《なお》さめやらぬ　うたゝねのゆめ

返《かえ》し　聖《ひじり》

郭公《ほととぎす》　なのるもきくも　うたゝねの
　ゆめうつゝより　ほかの一声《ひとこえ》

同《おな》(じく)出《しゅつ》　難《なん(ママ)》　生死《しょうじ》の趣《おもむき》尋《たず》(ね)申《もう》されけるに他力《たりき》の称名《しょうみょう》は不思議《ふしぎ》の一行也《いちぎょうなり》　弥陀超世《みだちょうせ》の本願《ほんがん》(は)凡夫《ぼんぷ》出離《しゅつり》の直道也《じきどうなり》　諸仏《しょぶつ》の深智非所及況三乗浅智〔深智《じんち》況《いわん》や三乗浅智《さんじょうせんち》の及《およ》ぶ所《ところ》に非《あら》ず〕の心《こころ》にうかゞはむや　唯諸経《ただしょきょう》の出離《しゅつり》を耳《みみ》にとゞめず

して本願《ほんがん》の名号《みょうごう》を口《くち》に唱《とな》へ称名《しょうみょう》の外《ほか》に我《わ》（が）心《こころ》を用《もち》（ひ）ざるを無疑無慮《むげむりょ》乗彼願力《じょうひがんりき》定得往生《じょうとくおうじょう》といふ　南無阿弥陀仏《なむあみだぶつ》と唱《とな》（へ）て我《わ》（が）心《こころ》のなくなるを臨終正念《りんじゅうしょうねん》といふ也《なり》　此《こ》（の）時仏《ときほとけ》の来迎《らいこう》に預《あずか》（り）て極楽《ごくらく》に往生《おうじょう》するを念仏往生《ねんぶつおうじょう》といふなり

又頭《またとう》（の）弁《べん》なる人念仏《ひとねんぶつ》の安心尋《あんじんたず》（ね）申《もう》されけるに

念仏往生《ねんぶつおうじょう》とは我等衆生《われらしゅじょう》無始以来《むしよりこのかた》十悪五逆四重謗法闡提破戒破見等《じゅうあくごぎゃくしじゅうほうぼうせんだいはかいはけんとう》の無量無数《むりょうむしゅ》の大罪《だいざい》を成就《じょうじゅ》せり　これによりて未来無窮《みらいむきゅう》の生死《しょうじ》に輪廻《りんね》して六道四生二十五有《ろくどうししょうにじゅうごう》の間《あいだ》　諸々《もろもろ》の大苦悩《だいくのう》を受《う》（く）べきものなり　雖然《しかりといえども》法蔵比丘《ほうぞうびく》五劫思惟《ごこうしゆい》の智恵名号不思議《ちえみょうごうふしぎ》の法《ほう》をさとり得《え》て凡夫往生《ぼんぶおうじょう》の本願《ほんがん》とせり　此《こ》（の）願已《がんすで》に十劫以前《じっこういぜん》に成就《じょうじゅ》せし時《とき》　十方衆生往生《じっぽうしゅじょうおうじょう》の業《ごう》南無阿弥陀仏《なむあみだぶつ》と決定《けつじょう》す　此《こ》（の）覚体阿弥陀仏《かくたいあみだぶつ》といふ名《な》にあらはれぬるうへは　厭離穢土欣求浄土《おんりえどごんぐじょうど》の　志《こころざし》あらむ人《ひと》はわが機《き》の信不信浄不浄有罪無罪《しんふしんじょうふじょううざいむざい》を論《ろん》ぜず　たゞかゝる不思議《ふしぎ》の名号《みょうごう》を聞《き》（き）得《え》たるをよろこびとして南無阿弥陀仏《なむあみだぶつ》と唱《とな》（へ）て息絶《いきた》（え）命終《いのちおわ》らむとき必《かなら》（ず）聖衆《しょうじゅ》の来迎《らいこう》に預《あずか》り無生法忍《むしょうほうにん》にかなふべき也《なり》　これを念仏往生《ねんぶつおうじょう》といふ

南無阿弥陀仏《なむあみだぶつ》

一遍《いっぺん》

弁殿《べんどの》

《絵》

《語句》

○一念往生《いちねんおうじょう》…信心の決定によって西方極楽世界に往生できるということ。一声の念仏で往生が決定する　○念仏《ねんぶつ》往生《おうじょう》…仏を念じて往生すること。一般に、阿弥陀仏を信じ一心に念仏を唱えて極楽往生すること　○入道《にゅうどう》さきのうちのおほひまうちぎみ…入道前内大臣《にゅうどうさきのないだいじん》、土御門《つちみかど》入道前内大臣のこと。弘安七年（一二八四）の時点で土御門内大臣と呼べる人物が二人いる。一人は源通親《みちちか》（久我通親・土御門通親）の息子土御門定通《さだみち》である。しかし、一遍が出会うはずの弘安七年にはすでに亡くなっているため考えにくい。もう一人は、源通親の孫の中院通成《なかのいんみちしげ》である。文永六年（一二六九）に内大臣に任じられ、弘安七年にはまだ存命であるためこの人の可能性が高いが、土御門とは呼ばれていないため確実なものとは言えない。また、この土御門入道が一遍聖絵の出資者であるといわれているが、先ほど述べた両者に関係する源通親は證空（浄土宗西山派祖）を養子（実子説有り）にしており、その證空が一遍の人生に大きく影響していることからもその可能性は考えられる　○頭弁《とう(の)べん》…日本の官制において弁官を兼帯した蔵人頭に対する呼称。時代的に後宇多天皇か伏見天皇に仕えた人か。蔵人所とは平安初期に置かれた役所。天皇に近侍《きんじ》し、伝宣、進奏、儀式その他宮中の大小の雑務を掌る。天皇の秘書的役割。弁官とは令制の官名。太政官に直属し、左右に分かれ、左弁官は中務・式部・治部・民部の四省を、右弁官は四省（兵部・刑部・大蔵・宮内）を管掌し、その文書を受け付け、行政の中軸をなした　○十悪《じゅうあく》…身・口・意の三業による十種の罪悪（殺生・偸盗・邪淫・妄語・両舌・悪口・綺語・貪欲・瞋恚・邪見）　○五逆《ごぎゃく》…五種のもっとも重い罪悪。母を殺すこと、父を殺すこと、阿羅漢を殺すこと、僧の和合を破ること、仏身を傷つけること　○四重《しじゅう》…比丘の犯す罪として最も重い四つの罪。異性によって欲情を満たすこと、盗むこと、人を殺すこと、聖者の悟りを得たというそをつくこと　○六道《ろくどう》…すべての衆生が生前の業因によって生死を繰り返す六つの迷いの世界。地獄、餓鬼、畜生、修羅、人間、天上界　○二十五有《にじゅうごう》…衆生が流転輪廻する生死の三界（欲界、色界、無色界）を二十五種に分けたもの

《現代語訳》

同（弘安七）年（一二八四）閏月《うるうづき》の四月十六日、一遍聖は関寺を出発し京都へお入りになった。四条京極にある釈迦堂で念仏を行うと、さまざまな瑞相があらわれ、人びとを驚かせた。馬にムチをうち車輪に油をさしてまでも来る人がいたので、門前は賑やかになった。その時、入道前内大臣《にゅうどうさきのないだいじん》が「一念往生の法門」をお尋ねになったので、一遍聖は後に歌を差し上げられた。

内大臣

一声と　ほのかにきけど　ほとゝぎす
　　猶さめやらぬ　うたゝねのゆめ

（ホトトギスの鳴き声を一声きいたが、今なお、うたたねの夢からさめない）

〈ホトトギスは冥途の案内や、あの世とこの世を往来するといわれている鳥であり、念仏の一声を聞いたのに、今なお、迷いの世界から出ることができない〉

返し　　　　　　　　　　一遍聖

郭公《ほととぎす》　なのるもきくも　うたゝねの
　　ゆめうつゝより　ほかの一声

（ホトトギスが鳴くのも聞くのもうたたねの夢であるように、あの世とこの世から離れるのは、念仏

の一声である）

同じく出離生死の趣旨を尋ねられたので次のように答えられた。

称名は他力不思議の行である。阿弥陀仏超世の本願は、凡夫出離の直道である。諸仏の深い智慧でさえ及ばず、ましてや三乗の浅はかな智慧では、窺うことができようか。ただ諸経が説く出離の教えを信じず、阿弥陀仏の本願である名号を称える。称名行以外に我が心を用いないことを無疑《むげ》無慮《むりょ》乗彼《じょうひ》願力定得往生《がんりきじょうとくおうじょう》〔疑いなく、慮りなく、阿弥陀仏の願力に乗じて、必ず往生を得る〕という。名号を称えて我が心が無くなることを臨終正念というのである。称名する時に、仏の来迎にあずかり、極楽に往生することを念仏往生というのである。

また、頭弁《とうのべん》という人が「念仏の安心」についてお尋ねになった。

念仏往生とは、私たち衆生は無始以来、十悪・五逆・四重・謗法・闡提・破戒・破見など、数限りない大罪を犯してきた。これによって、未来永劫生死輪廻を繰り返し、六道・四生の間で、さまざまな大苦悩を受けてしまうのである。しかしながら法蔵菩薩は、五劫の間思惟して得た智慧によって、名号不思議の法をさとり得て、凡夫往生の本願とした。この本願が十劫の昔に成就した時に、十方衆生の往生は「南無阿弥陀仏」と称えることとすでに決定している。この覚体は、阿弥陀仏という名に現れているので、厭離穢土欣求浄土を願う人は我が身における信・不信、浄・不浄、有罪・無罪など関係ない。ただこのように不思議の名号を聞いたことを喜びとして、「南無阿弥陀仏」と称えて、息絶え命が終わるとき、必ず仏・聖衆の来迎にあずかり、無生法忍がかなうのである。これを念仏往生という。

南無阿弥陀仏

一　遍

弁　殿

《絵》

第四段

《原文》

其《そ》(の)後雲居寺《のちうんごじ》六波羅蜜寺《ろくはらみつじ》次第《しだい》に巡礼《じゅんれい》して空也上人《くうやしょうにん》の遺跡市屋《ゆいせきいちや》に道場《どうじょう》をしめて数日《すうじつ》を送《おく》(り)給《たま》(ひ)しに　勢至菩薩《せいしぼさつ》の化身《けしん》にて御座《おわしま》(す)よし唐橋法印霊夢《からはしのほういんれいむ》の記《き》を持《も》(ち)て参《まい》りたりけるに　念仏《ねんぶつ》こそ詮《せん》なれ勢至《せいし》ならずば信《しん》ずまじきかとぞ示《しめ》されける　さて因幡堂《いなばどう》に詣《もう》(で)給《たま》(ふ)此《こ》(の)尊《そん》は釈迦如来御自作《しゃかにょらいおんじさく》の霊像《れいぞう》祇園精舎療病院《ぎおんしょうじゃりょうびょういん》の本尊也《ほんぞんなり》　長保年中月氏《ちょうほうねんちゅうげっし》の雲《くも》をいでて日域《にちいき》の　堺《さかい》(ママ)にうつり給《たま》(ふ)　当寺執行覚順《とうじしぎょうかくじゅん》霊夢《れいむ》の告《つげ》あるよし申《もう》(し)ける間《あいだ》暫《しばら》(く)逗留《とうりゅう》ありける比《ころ》　前天台座主《さきのてんだいざす》菩提院僧正　見参《けんざん》ありて他力本願《たりきほんがん》の法談《ほうだん》

などありけるに出離生死《しゅつりしょうじ》の業《ごう》は念仏《ねんぶつ》に思《おも》(ひ)定《さだ》(め)侍《はべ》りぬ　命《いのち》のながき事《こと》を歎《なげ》(き)つるに御済度《おんさいど》に預《あずか》(る)べき宿縁《しゅくえん》にて侍《はべ》(り)けりと悦《よろこ》(び)き　又竹中法印承詮参《またたけなかのほういんしょうせんまい》(り)て阿弥陀仏《あみだぶつ》の本願善導和尚《ほんがんぜんどうかしょう》の素意《そい》を自宗《じしゅう》の法門《ほうもん》に引《ひ》(き)合《あわ》(せ)て尋《たず》(ね)申《もう》(し)けるに三ヶ日《さんがにち》の間《あいだ》委細問答《いさいもんどう》ありける程《ほど》に超世《ちょうせ》の悲願名号《ひがんみょうごう》の功《く》能《のう》を領解《りょうげ》していかなる不思議《ふしぎ》の本願《ほんがん》なりとも自宗《じしゅう》の三諦即是《さんたいそくぜ》の上《うえ》の絶待不思議《ぜったいふしぎ》の妙《みょう》にはよもこえじとこそ思《おも》(ひ)侍《はべ》(り)つるに　誠《まこと》(に)貴《とうと》き超世《ちょうせ》の願力《がんりき》にて侍《はべ》(り)ける　承詮《しょうせん》が出離《しゅつり》は念仏《ねんぶつ》におちつき侍《はべ》(り)ぬ　此《こ》(の)恩徳《おんとく》申《もう》(し)尽《つく》(し)がたしとて　其《そ》(の)後《のち》は円頓速疾《えんどんそくしつ》の妙行《みょうぎょう》を閣《さしお》き他力本願《たりきほんがん》の名号《みょうごう》に帰《き》して往生《おうじょう》を遂《と》(げ)けるとなむ　如此《かくのごとき》の明匠高徳《めいしょうこうとく》たち信敬《しんきょう》し給《たま》へる間末学浅智《あいだまつがくせんち》の輩《やから》はいはざるにをのづから帰伏《きふく》しけるとぞ

京中利益《きょうちゅうりやく》の後同年六月二十二日《のちどうねんみなづきにじゅうににち》桂《かつら》にうつり給《たま》(ふ)時《とき》　聊《いささ》(か)煩《わずら》(ふ)事《こと》のおはしけるに　書《か》(き)て出《いだ》されける

夫《そ》(れ)生死本源《しょうじほんげん》の形《かたち》は男女和合《なんにょわごう》の一念流浪《いちねんるろう》三界《さんがい》の相《そう》は愛染妄境《あいぜんもうきょう》の迷情《めいじょう》也《なり》　男女《なんにょ》かたち破《やぶ》れ妄境《もうきょう》をのづから滅《めっ》しなば生死本無《しょうじほんむ》にして迷情此《めいじょうこ》に尽《つ》(きぬ)べし　花《はな》を愛《あい》し月《つき》を詠《えい》ずる動《やや》(もすれ)ば輪廻《りんね》の業《ごう》　仏《ほとけ》をおもひ経《きょう》をおもふ　ともすれば地獄《じごく》の炎《ほのお》　たゞ一心《いっしん》の本源《ほんげん》は自然《じねん》に無念也《むねんなり》　無念《むねん》の作《さ》用《ゆう》は真《しん》の法界《ほっかい》を縁《えん》ず　一心三千《いっしんさんぜん》に遍《へん》すれども本《もと》より以来不動也《このかたふどうなり》　雖然《しかりといえども》　自然《じねん》の道理《どうり》を失《うしな》(ひ)て意楽《いぎょう》の魂志《こんし》を抽《ぬき》(ん)で虚無《こむ》の生死《しょうじ》に迷《まよ》(ひ)て幻化《げんげ》の菩提《ぼだい》をもとむ　かくのごとく凡卑《ぼんぴ》の族《やから》は厭離穢《おんりえ》土欣求浄土《どごんぐじょうど》の志《こころざし》深《ふか》(く)して息絶《いきた》(え)命終《いのちおわ》(る)を悦《よろこ》び　聖衆《しょうじゅ》の来迎《らいこう》を期《ご》して弥陀《みだ》の名号《みょうごう》を唱《とな》へ

臨終《りんじゅう》命断《みょうだん》の刻《とき》無生法忍《むしょうぼうにん》にかなふべきなり
南無阿弥陀仏《なむあみだぶつ》

《絵》

《語句》

○唐橋《からはしの》法印《ほういん》…京都唐橋の金剛院に住した天台宗の僧。後、金光寺の住持となり、弘安七年（一二八四）一遍に帰依し作阿弥陀仏《さあみだぶつ》と号し改宗し、同寺を市屋道場とした。院恵、胤慧とも言われる。『一遍聖絵』では「唐橋法印印承」と書かれている　○覚順《かくじゅん》…『一遍聖絵』では「民部法橋覚順」と書かれている。詳細不明　○菩提院僧正《ぼだいいんそうじょう》…天台座主八四世・八七世。承久元年（一二一九）―正応二年（一二八九）。六条宮雅成親王の王子、後鳥羽院の孫。延応元年（一二三九）、尊快について出家し、真仙より灌頂を受ける。文永二年（一二六五）に天台座主になり、文永八年（一二七〇）に再任　○竹中法印承詮《たけなかのほういんしょうせん》…『天台座主記』文永十年（一二七二）五月二日の記録によれば、東塔承詮講堂造営の雑掌たらしむとあり、この承詮がそうか。さらに弘安八年（一二八五）七月の『延暦寺大講堂供養記』には「衲衆《のうしゅ》承詮法印権大僧都」と記されているのもこの人か　○三諦即是《さんたいそくぜ》…空・仮・中の三諦の一つ一つがそのまま他の二諦と完全に融けあって、一つであるということ　○円頓速疾《えんどんそくしつ》…法華経の教え（円頓）の教えは一乗の教えであり、速疾成仏であるという意味

《現代語訳》

その後、雲居寺（現、京都市東山区下河原町）、六波羅蜜寺（現、京都市東山区轆轤《ろくろ》町）を巡礼して、空也上人の遺跡である市屋で道場をひらき、数日をお送りになっていると、「一遍聖は、勢至菩薩の化身である」

と、唐橋法印が霊夢の話を持って来た。それを聞いた一遍聖は、「念仏こそが大切なものであり、私が勢至菩薩でなければ信じられないのか」と告げられた。

さて、一遍聖は因幡堂（現、京都市下京区松原通烏丸東）を参詣された。この本尊は釈迦如来が自ら作ったとされる霊験あらたかな像であり、もともと祇園精舎寮病院の本尊であった。長保年中（九九九―一〇〇四）に月氏国《げっしこく》（中央アジア周辺）から日本に移られた。この寺の執行である覚順の霊夢に仏からのお告げがあったので、一遍聖はしばらくここに逗留することにした。その頃、前天台座主の菩提院僧正がお見えになられ、他力本願の法談をされ、出離生死の業は念仏であると思いを定められた。長寿を嘆いていたが、極楽へ往生できるご縁があると知ってお悦びになられた。また、竹中法印承詮が来て、阿弥陀仏の本願は善導大師の素意であり、それを自ら学んだ教えと照らし合わせてお尋ねになった。三日間詳細な問答をされたところ、承詮は「超世の悲願である名号の功能を領解しました。しかし、どんな不思議の本願であっても、自ら学んだ三諦即是の上の絶対不思議の妙を超えるものはないと思っていましたが、阿弥陀仏の本願は本当に貴いものでした」。承詮は、出離には念仏しかないと思いが定まった。この恩徳は筆舌に尽くし難いといって、その後は円頓速疾の妙行をさしおき、他力本願の名号に帰して往生したということである。このように、明匠高徳の僧たちが信じ敬うので、末学浅智の人びとは言うまでもなく、自ずから一遍聖に帰依したとのことである。

京中を利益した後、同（弘安七）年（一二八四）六月二十二日に桂（現、京都市右京区桂）にお移りになった時、少しばかりご病気になられ文を書いて出された。

生死輪廻する本源は、男女和合の一念である。三界を流浪するのは、愛欲に執着した迷いの心を持っているからである。男女の形が壊れると、誤った心が自然と消えるので、生と死は本来実体の無い仮の姿であると気づき、迷いの心は消えるであろう。花を愛し、月を詠むこともどうかすると輪廻の原因となってしまう。仏を想い、経典を想うことも、どうかすると、地獄の炎となる。ただ一心の本源は自然に何もとらわれない無念である。その無念の作用は、真の法界に縁ずることである。その一心が三千世界にあまねく広がるが、本来不動である。そうであるのに、自然の道理を失い何かをなそうという志を持って生死の世界で迷い幻想のさとりを求めてしまうのである。このような凡卑の人びとは、厭離穢土欣求浄土の志を深くし、息絶え命が尽きるのを喜びとし、仏・聖衆が来迎することを期待して、阿弥陀仏の名号を称え、臨終の時、無生法忍にかなうのである。

南無阿弥陀仏

《絵》

一遍上人縁起絵第四

第一段

《原文》

摂津国《せっつのくに》四天王寺《してんのうじ》は聖徳太子《しょうとくたいし》の建立仏法最初《こんりゅうぶっぽうさいしょ》の霊場也《れいじょうなり》　伽藍《がらん》は又釈迦如来転法輪《またしゃかにょらいてんぽうりん》の古跡《こしゃく》当《まさ(に)》極楽東門《ごくらくとうもん》中心《ちゅうしん》の勝地也《しょうちなり》　五十余代《ごじゅうよだい》の帝王尊崇《ていおうそんすう》改《あらたま》らず　六百余廻《ろっぴゃくよえ》の道場《どうじょう》星辰旧《せいしんきゅう》たりといへども　雁塔甍《がんとういらか》朽《く(ち)》ずして露盤光《ろばんひかり》耀《かがや》き　亀井《かめい》流《なが》れ久《ひさ》しく法水絶《ほっすいた》(ゆる)事《こと》なし　金鐸宝鈴《こんたくほうれい》の和鳴《わな》る　風清浄《かぜしょうじょう》の響《ひびき》を振《ふる》ひ　功《く》徳荘厳《どくしょうごん》の微妙《みみょう》なる　花実相《はなじっそう》のかざりをひらく　爰《ここ》(に)弘安九年《こうあんくねん》聖《ひじり》参詣《さんけい》し給《たま》へり　其《そ》(の)比《ころ》金堂《こんどう》の御舎利《おんしゃり》つぼのうちにとゞ《(ママ)》まりて出《い》(で)給《たま》はぬ事《こと》侍《は(ママ)》へりけるを不思議《ふしぎ》の事《こと》に申《もう》(し)あへり　当寺《とうじ》の歎《なげ》(き)万人《ばんにん》の愁《うれい》たる間《あいだ》臨時《りんじ》に舞楽《ぶがく》を奏《そう》して伶人秘曲《れいじんひきょく》の袖《そで》をかなで昼夜《ちゅうや》に肝胆《かんたん》を摧《くだ》(き)て高僧密法《こうそうみっぽう》の数《かず》を尽《つく》すといへども猶出《なおい》(で)給《たま》はずして数日《すうじつ》に及《の》べる　而《しか》(る)に執行聖《しぎょうひじり》へ聊《いささ》(か)御祈念《ごきねん》あるべき旨申《むねもう》(し)ける間若《あいだも》(し)御舎利出《おんしゃりい》(で)給《たま》はずば　永《なが》(く)寺中《じちゅう》を出《い》(で)ずして命《いのち》を尽《つく》(す)べしと七日祈請《しちにちきしょう》して出《い》(だし)給《たま》(ふ)に三《み》粒《つぶ》の御舎利《おんしゃり》悉《ことごと》(く)出現《しゅつげん》(し)給《たま》へり　常住《じょうじゅう》の僧侶奇異《そうりょきい》の思《おも》(ひ)を成《な》し参詣《さんけい》の尊卑渇仰《そんぴかつごう》の誠《まこと》を致《いた》せりかくて参籠日数《さんろうにっすう》をかさね給《たま》(ふ)間《あいだ》に或時《あるとき》は瑞花風《ずいかかぜ》に乱《みだ》れ或時《あるとき》は霊雲空《りょううんそら》にたなびく　凡《およ》(そ)不思議《ふしぎ》おほしといへども委《くわし》(く)注《さ》(す)に遑《いとま》あらず

或時《あるとき》よみ給《たま》(ひ)ける　聖《ひじり》
おもふこと　なくてすぎにし　昔《むかし》さへ
しのべばいまの　なげきとぞなる
いにしへは　心《こころ》のまゝに　したがひぬ
いまはこゝろよ　われにしたがへ

《絵》

《語句》
○雁塔《がんとう》…古代インドのマガダ国にあった雁供養の塔。菩薩が浄肉を食う僧を戒めようとして雁に化し、空から落ちて死んだ跡に塔が建てられたという『大唐西域記』の故事による。ここでは転じて五重塔を指す　○伶人《れいじん》…音楽、特に雅楽の演奏を職とする人。楽人　○秘曲《ひきょく》…特定の家系の者や免許を受けた者にだけ伝授する、秘伝の曲目　○執行《しぎょう》…①（仏事・政治・事務などを）とり行うこと。「しぎゃう」「しっかう」とも。②寺院の僧職の一つ。寺院の事務や法会を統轄する僧。「しぎゃう」とも

《現代語訳》
摂津国（現、大阪府）の四天王寺（現、大阪市天王寺区）は聖徳太子が建立した日本仏法最初の霊場である。伽藍は釈迦如来が転法輪を行った古跡であり、極楽東門の中心であり、勝地である。五十余代の天皇に尊

崇されることは変わらず、六百年余を経たといえども雁塔（五重塔）の瓦は朽ちることなく路盤は光輝き、亀井の流れは変わりなく法水も絶えることはない。金鐸と宝鈴は調和して鳴り、風は清浄に響き渡り、功徳荘厳の微妙な花は美しく咲いている。

弘安九年（一二八六）、一遍聖はここ四天王寺に参詣された。その頃、金堂の御舎利が壺から出てこないのを、僧侶は不思議なことだと話し合っていた。この不思議なことを皆が憂いているので、臨時に舞楽や秘曲を奏で、昼夜に心労のかぎりをつくし、高僧がすべての密法を修したが、壺から出ることはなく何日も経過した。そこで執行《しぎょう》は一遍聖に御祈念してもらいたいとお願いした。一遍聖は、もし御舎利が出なければ永く寺から出ずに命を尽くすと七日間祈請すると、御舎利が三粒全て出現した。常住の僧侶は不思議なことと思い、参詣の人びとは一遍聖を仰ぎ慕った。こうして参籠の日数を重ねている間に、ある時は瑞花が風に乱れ、ある時は霊雲が空にたなびいた。このような不思議なことが多く起こったが、詳しく書き表すことはしない。

ある時に詠まれた　一遍聖

おもふこと　なくてすぎにし　昔さへ
しのべばいまの　なげきとぞなる

（思うことなく過ぎていった昔さえ、思い慕えば今の嘆きとなる）

いにしへは　心のまゝに　したがひぬ
いまはこゝろよ　われにしたがへ
（昔は心にまかせて従ってきたが、今は、心よ、私に従いなさい）

《絵》

第二段

《原文》

正応元年《しょうおうがんねん》十二月《しわす》十六日《じゅうろくにち》予州《よしゅう》三島社《みしまのやしろ》へ参詣《さんけい》あり　当社《とうしゃ》は文武天皇《もんむてんのう》御宇《ぎょう》大宝《たいほう》年中《ねんちゅう》に跡《あと》を垂《た》（れ）給《たま》（ふ）自《それ》爾以来《よりこのかた》五百余廻《ごひゃくよえ》の鳳暦《ほうれき》をかさねて八十余代《はちじゅうよだい》の龍図《りゅうと》をまぼりまします　彼《か》（の）社壇《しゃだん》に三ヶ日《さんがにち》の間《あいだ》念仏《ねんぶつ》法楽《ほうらく》して別宮《べつぐう》へうつり給《たま》（ひ）けるに　海中《かいちゅう》にて俄《にわか》（に）空《そら》かきくもり雨頻《あめしきり》にふりければ　聖《ひじり》これ直也事《ただごと》にあらず明神《みょうじん》則《すなわ》（ち）なごりの袖《そで》をしぼれとおぼしめすにこそとてわざとぬれ給《たま》（ひ）ければ　諸人《しょにん》同《おな》（じ）くぬれ〳〵船《ふね》をこぎゆく程《ほど》に　海鹿《いるか》といふ大魚《たいぎょ》数《かず》をしらず浪《なみ》をたてゝ船《ふね》の舳艫《ともえ》にはねをどりけり　すこしも人《ひと》におそるゝ事《こと》なく　半時許《はんときばかり》ありてうせにけり　不思議《ふしぎ》の事《こと》にぞいひあへりける　さるほどにやがてとしもくれければ別宮《べつぐう》の社壇《しゃだん》にして恒例七日《こうれいしちにち》の別時《べつじ》ありけるに　三嶋大明神《みしまだいみょうじん》影向《ようごう》しまし〳〵て念仏結縁《ねんぶつけちえん》のために来《きた》れるなり　さても三嶋《みしま》を出《い》（で）給《たま》（ひ）し時魚《ときさかな》と化《か》してをくり奉《たてまつ》りしは知《し》（り）給《たま》（ひ）けるやいな

やと明神御物語《みょうじんおんものがたり》ありしかば　とかく申《もう》(し)やるかたなく只恭敬渇仰《ただくぎょうかつごう》の信心許《しんじんばかり》にて落涙《らくるい》せられきと後日《ごじつ》にの給《たまわ》(ひ)けるにこそ　ありし奇特《きとく》も思《おも》(ひ)合《あわ》(せ)られて人皆信《ひとみなしん》をとり侍《はべ》りにけれ

《絵》

或時聖《あるときひじり》(の)頌《じゅ》(に)曰《いわ》(く)

弘願一称万行致《ぐがんいっしょうまんぎょうち》　果号三字衆徳源《かごうさんじしゅとくげん》

不踏心地登霊台《ふとうしんちとうれいだい》　不仮工夫開覚蔵《ふけくふうかいかくぞう》

《語句》

○艫艫《ともえ》…船のへさきととも。船首と船尾

《現代語訳》

正応元年（一二八八）十二月十六日、予州三島社（現、愛媛県今治市　大山祇神社）へ参詣した。当社は文武天皇の御世《みよ》、大宝年中（七〇一―七〇四）に造営された。それ以来五百余年の暦を重ねて八十余代の天皇の治世を守っている。この社壇にて三日間念仏を法楽して別宮にお移りになった。すると海上に突然雲が現れ、雨がしきりに降ったので、一遍聖は「普通のことではない。明神が名残を惜しみ涙を流されていると思われるのだ」とおっしゃり、わざと濡《ぬ》れていた。そこで、人びとも同じように雨に打たれながら船を漕いでいた。すると、海鹿《いるか》という大魚が大量に波を立てて船のともとへさきで、はね踊っていた。少しも人を恐れることなく半時ほど船に寄りそい去って行った。人びとは不思議なことだと言い合っていた。やがて年の暮れに別宮の社壇にて、恒例である七日間の歳末別時念仏会を修していた時に、三島大明神が念仏札をお受けになるために顕現された。「ところで、大三島神社をご出発された時、魚と化してお送りしたのをご存知かどうか」と三島大明神がお尋ねになった。一遍聖は何も申しようがなく、ただただ敬い仰ぎ慕い、信心を起こして涙を流したと後におっしゃった。この二つの不思議なことを思い合わせて、人びとは信心を起こしたという。

或時一遍聖(の)頌(に)曰(く)

弘願一称万行致　果号字衆徳源

不倒心地登霊台　不仮工夫開覚蔵

(弘願の一称は、あらゆる善行の究極であり、阿弥陀の三字はもろもろの功徳の根源である。自力の修行をせずに、浄土に登ることは、一大事の特別な修行で最勝の教法である)

《絵》

第三段

《原文》

同二年正月二十四日夜《どうにねんしょうがつにじゅうよにちよ》　三嶋宮《みしまぐう》の神官社僧等《しんかんしゃそうら》に夢想《むそう》の告《つげ》ありけり　一遍上人今一度当社《いっぺんしょうにんいまいちどとうしゃ》へ請《しょう》じ入《い》(れ)奉《たてまつ》(る)べし　我光《われひかり》を和《やわら》(げ)て塵《ちり》に交《まじ》(は)りしよりこのかた　三熱《さんねつ》の苦《く》を受《う》(け)ていまだやむときなし　而《しか》(るに)上人《しょうにん》の念仏法楽《ねんぶつほうらく》によりて三熱《さんねつ》の炎《ほのお》忽《たちま》(ち)に消滅《しょうめつ》す　供養物《くようもつ》など人《ひと》の煩《わずら(い)》(に)なるべからず　桜会《さくらえ》の頭《とう》を留《とど》(め)て経営《けいえい》すべしと示《しめ》(し)給《たま》(ふ)といへども　恒例《こうれい》の御頭《おんとう》をとゞめ侍覧事《はべらんごと》はゞかりありて猶披露《なおひろう》せざるところに　三嶋地頭社壇《みしまじとうしゃだん》に通夜《つうや》してすこしまどろみたりけるに　白髪《はくはつ》なる老翁《ろうおう》の束帯《そくたい》たゞしくて御殿《みどの》の扉《とびら》をおしひらきてのたまはく　一遍上人《いっぺんしょうにん》を可奉請《しょうじたてまつるべき》よし宮人等《みやびとら》に度々示《たびたびしめ》すといへども敢《あえ》て用《もち》ゐず汝急《なんじいそ》(ぎ)入《い》(れ)奉《たてまつ》(る)べし　若《も》(し)承引《しょういん》せずば我《われ》をうらむなと示《しめ》(し)給《たま》(ふ)時《とき》やがて夢覚《ゆめさ》(め)ぬ　身《み》の毛竪《けた》(ち)ておそろしなどいふばかりなし　則《すなわ》(ち)此《こ》(の)事《こと》を相尋《あいたず》(ぬる)処《ところ》に夢想《むそう》の告《つげ》然《しか(る)》なりと五人同心《ごにんどうしん》に申《もう》(し)ければ　霊夢厳重《れいむげんちょう》の上《うえ》は聖《ひじり》を可奉請《しょうじたてまつるべし》　但《ただ》(し)桜会《さくらえ》の御頭《おんとう》を留《とど》(むる)に及《およ》ばず各々《おのおの》が営《いとなみ》たるべしとて　同二月中旬《どうきさらぎちゅうじゅん》に二十余艘《にじゅうよそう》の舟《ふね》をとゝのへて今針《いまばり》といふ津《つ》へこぎむかへり　それより舟《ふね》にのりて詣《もう》(で)給《たま》(ひ)にけり　此《こ》(の)度《たび》は大明神《だいみょうじん》の御召請《おんしょうしょう》なりとて万人瑞籬《ばんにんみずがき》に歩《あゆ》(み)を運《はこ》(び)けり　神慮《しんりょ》もさこそ御納受《おんのうじゅ》あるらめとて時衆以下《じしゅういか》の門弟恭敬渇仰《もんていくぎょうかつごう》の信心《しんじん》おこりければ　行法《ぎょうほう》も今一《いまひと》しほ貴《とうと》かりけるとかや　抑々当社《そもそもとうしゃ》には桜会並《さくらえなら》(びに)大頭《だいとう》とて二度《ふたたび》の供祭《ぐさい》あり　彼《か》(の)大頭《だいとう》には一向《いっこう》

魚鳥《ぎょちょう》の類《たぐい》をもて贄《にえ》に備《そな》(へ)けるに　上人庭《しょうにんにわ(の)》踊《おどり》の最中《さいちゅう》御贄《おんにえ》を精進《しょうじん》の物《もの》に申《もう》(し)替《か》(へ)むと思《おも》(ふ)心俄《こころにわか》にうかび給《たま》(ひ)ければ則《すなわ》(ち)宮人等《みやびとら》に仰《おお》(せ)合《あわ》(せ)られけるに　これ併《しかしなが》(ら)神《かみ》の御託宣《おんたくせん》にこそとて自今以後《じこんいご》は精進《しょうじん》の贄《にえ》を供《くう》ずべきよし各々定《おのおのさだ》(め)申《もう》(し)けり　昔《むかし》もかゝる例《ためし》侍《はべ》り　桜会《さくらえ》の頭《かしら》には鹿《しか》の生贄《いけにえ》を奉《まつ》(り)けるに　書写山性空上人参詣《しょしゃざんしょうくうしょうにんさんけい》の時《とき》　生贄《いけにえ》をとゞめらるべき旨《むね》祈請《きしょう》申《もう》されたりけるに　立《た》(ち)どころに神殿動揺《しんでんどうよう》して随喜《ずいき》すとこたえ給《たま》(ひ)けるによりて生贄《いけにえ》をば留《とど》(め)てけり　先蹤《せんしょう》といひ霊夢《りょうむ》といひ感応《かんのう》の趣《おもむき》新《あら》(た)なるうへはとてまいりあへる神官国中《しんかんこくちゅう》の頭人等《とうにんら》聖《ひじり》の教《おし(え)》にまかせて向後《きょうこう》たがふべからずと制文《せいもん》をかき連署《れんしょ》して御宝殿《ごほうでん》に籠《おさ》(め)置《お》(き)けるとかや　希代《きだい》の不思議《ふしぎ》とぞ申《もう》(し)侍《はべ》りし

或時《あるとき》よみ給《たま》(ひ)ける

あみだ仏《ぶつ》は　まよひさとりの　道《みち》たえて
ただ名《な》にかなふ　いきほとけなり

をのづから　あひあふときも　別《わか》(れ)ても
ひとりはいつも　ひとりなりけり

あともなき　雲《くも》にあらそふ　こゝろこそ
中〱《なかなか》月《つき》の　さはりとはなれ

心《こころ》から　ながるゝ水《みず》を　せきとめて
をのれとふちに　身《み》をしづめけり

《絵》

《語句》

○我光《われひかり》を和《やわら》(げ)て塵《ちり》に交《まじ》(は)りし…和光同塵の意。仏や菩薩がこの世の人びとを救済するために、その威徳の光を和らげ、いろいろな姿となって俗塵に満ちたこの世に現れること　○御頭《おんとう》…中世には氏人や信仰者が輪番で祭事の費用・労役を負担し、これを「頭番役」または「頭役」と称し、この祭事を「御頭」と言った（諏訪市史編纂委員会『諏訪市史』）

《現代語訳》

同（正応）二年（一二八九）正月二十四日の夜、大三島神社の神官と社僧らに夢想のお告げがあった。「一遍上人を今一度大三島社にお招きしなさい。我は光を和らげ、俗世で人びとと交わって以来、三熱の苦を受けることはいまだ止むことがない。しかし、一遍上人の念仏法楽によって三熱の炎はたちまち消滅した。その供物などが人の煩いになってはならない。桜会の頭を留めて執り行うべし」と啓示された。しかし、恒例の御頭（世話人）を制止することは恐れ多く、やはり夢想を公表できずにいた。すると、三島の地頭が社壇で参籠中に少しうとうととしていると、束帯姿の白髪の老翁が御殿の扉を押し開いておっしゃられた。「一遍上人をお招きしなさいと、宮人などにたびたび啓示しても全く聞き入れない。あなたが急いでお招きしなさい。もし承諾しないのであれば、何が起きても我をうらむな」とお示しになられ夢から覚めた。身の毛もよだち、恐ろしいなどと言う程度ではすまなかった。その時、このことをお互いに話し合うと、五人が同じ夢のお告げがあったと申したので、霊夢を尊重し一遍聖をお招きした。ただし、桜会の御頭を制止することはできないので、おのおので執り行わせることにした。一遍聖は、同年二月中旬に二十余艘の舟をそろえ、今治（現、愛媛県今治市）という港へ漕いで向かい、そこから大三島神社へ舟に乗ってお参りされた。このたびは大明神のご招請なので、多くの人びとが瑞垣に集まってきた。神慮もさぞかし一遍聖を受け入れて下さっていると、時衆や門弟も敬い仰ぎ慕う信心が起こり、念仏の行法も今一層貴く思われた。

そもそも、大三島神社には桜会並びに大頭という二度の供祭がある。この大頭には全て鳥魚の類をもって贄として供えていたが、一遍聖は庭での踊り念仏の最中に、贄を精進のものに変えた方がいいと急に心に浮かんだ。そこで、宮人たちに伝えたところ、これは神の御託宣であるといって、これからは精進のお供えすることを決め、おのおのに呼びかけた。昔もこのような例があった。桜会の頭には鹿の生贄を差し上げていたが、書写山の性空上人が参詣の時、生贄をやめるよう祈請申し上げたところ、たちまち神殿が揺れ動き、「喜んで随う」と答えられたので生贄を禁止した。このような先例といい、今回の霊夢といい、神仏の加護があることがあらたかなので、神官や国中の頭人らは一遍聖の教えに従い、今後は、生贄を捧げないと誓文を書き、連署して御宝殿に納め置いたとのことである。世にもまれな不思議なことだと申していた。

ある時に詠まれた。

あみだ仏は　まよひさとりの　道たえて
　　ただ名にかなふ　いきほとけなり
〈阿弥陀仏は迷いとさとりの道から離れて、その名の通り生き仏〈無量寿仏〉なのである〉

をのづから　あひあふときも　別(れ)ても
　　ひとりはいつも　ひとりなりけり
〈たまたま人と逢う時も別れる時も、一人はいつも一人なのである〉

あともなき　雲にあらそふ　こゝろこそ
　　中〳〵月の　さはりとはなれ
〈あとかたもなくなる雲〈煩悩〉のようにいつも争っている心こそ、かえって月〈阿弥陀仏、ひいては称名〉の妨げとなる〉

心から　ながるゝ水を　せきとめて
　　をのれとふちに　身をしづめけり
〈心から流れる水〈妄念〉をせき止めると、おのずから深い水の底に身を沈めてしまう〈妄念に溺れてしまう〉〉

《絵》

第四段

《原文》

同年五月《どうねんさつき》の比《ころ》　讃岐《さぬき》より阿波《あわ》にうつり給《たま》(ふ)時機《ときき》縁《えん》已《すで》にうすく成《な》(り)て人教訓《ひときょうくん》にかゝはらず生涯幾《しょうがいいくば》(く)ならず死期近《しきちか》きにありとの給《たま》(ひ)けるを　人々《ひとびと》あはれなる事《こと》に思《おも》(ひ)合《あ》(ひ)けるに　其《そ》(の)後幾程《のちいくほど》なくて大鳥里河辺《おおとりのさとかわべ》といふ所《ところ》にて六月一日《みなづきついたち》より聊《いささ》(か)煩《わずら》(ふ)事《こと》のおはしけるに

思《おも》(ふ)事《こと》　みなつきてぬ　うしとみし
　世《よ》をばさながら　秋《あき》のはつかぜ

さて七月《ふみづき》の始《はじ(め)》つかたに淡路《あわじ》のふくらの泊《とまり》にうつり給《たま》(ふ)とて　又《また》よみ給《たま》(ひ)ける

消《き》(え)やすき　いのちは水《みず》の　あはぢしま
　山《やま》のはながら　月《つき》ぞさびしき

あるじなき　みだの御名《おな》にぞ　生《うま》(れ)ける

となへすてたる　あとの一《ひと》こゑ
名《な》にかなふ　こゝろは西《にし》に　うつせみの
もぬけはてたる　声《こえ》ぞすゞしき

かくなやみながら猶念仏勧《なおねんぶつすす》(め)てありき給《たま》(ひ)けるに　道《みち》のほとり塚《つか》の傍《かたわら》に身《み》をやすめて
旅衣《たびごろも》　木《き》のねかやの根《ね》　いづくにか
身《み》のすてられぬ　ところあるべき

さる程《ほど》に兵庫《ひょうご》よりむかへに船《ふね》を奉《たてまつ》りければ　いなみ野《の》の辺《ほとり》にて臨終《りんじゅう》すべきよし思《おも》(ひ)つれども　いづくも利益《りやく》の為《た》(め)なれば進退縁《しんたいえん》に任《まか》(す)べしとて　兵庫《ひょうご》(の)島《しま》へわたり給《たま》(ひ)ぬ

《絵》

《語句》
○大鳥里河辺《おおとりのさとかわべ》…現、徳島県吉野川市敷地に河辺寺跡が存在する。徳島県立埋蔵文化財総合センターの研究成果によると、この河辺寺は金堂の跡があり大規模寺院の可能性を提示している。現在の吉野川は一キロメートル程度離れているが、当時は山麓に近いその地に流れていたと考えられる

《現代語訳》

同（正応）二年（一二八九）五月の頃、讃岐（現、香川県）より阿波（現、徳島県）にお移りになった時、一遍聖が、「機縁がすでにうすくなり、人びとは教訓に触れなくなった。私の生涯は幾ばくもなく、死期が迫っている」とおっしゃったのを人びとは悲しいことだと心配していた。その後に、大鳥の里河辺《かわべ》というところで、六月一日から体調を少しくずしていた時に、

思（ふ）事　みなつきはてぬ　うしとみし
　世をばさながら　秋のはつかぜ

（思うことはみなつきはてた。煩わしく見えたこの世のすべてにも、秋の初風が感じられる）

さて、七月の初めに淡路島の福良の港に移られた時にまたお詠みになった歌、

消（え）やすき　いのちは水の　あはぢしま
　山のはながら　月ぞさびしき

（消えやすい命は水の泡のようだ。ここ淡路島の山のはしにかかった月はさびしそうで、私の命と同じく、沈もうとしている）

あるじなき　みだの御名にぞ　生(れ)ける
　　　　となへすてたる　あとの一こゑ
(南無阿弥陀仏をとなえた最後の一声で、仏も我もなくなった南無阿弥陀仏になる)

名にかなふ　こゝろは西に　うつせみの
　　　　もぬけはてたる　声ぞすゞしき
(身はここにありながら、私の心は既に西方極楽浄土にあるので、ぬけがらとなった我が身には、念仏の声が清々しく感じられる)

　このように病気で苦しみながら、なお念仏を勧めながら歩かれていると道のほとりの塚のそばに身を休めて、

旅衣　木のねかやの根　いづくにか
　　　　身のすてられぬ　ところあるべき
(遊行をしてきた私だからこそ、木の根であろうとかやの根であろうと、どこに身を捨てられないところがあるだろうか)

そうしているうちに、兵庫（現、兵庫県神戸市兵庫区）よりお迎えの船が来たので、いなみ野（現、兵庫県加古川市）のあたりで臨終を迎えようと思っていたが、どこでも衆生利益のためならば、進退を縁に任せようと、兵庫の島へ渡られた。

《絵》

第五段

《原文》

さて兵庫《ひょうご》（の）島《しま》へ渡《わた》（り）て観音堂《かんのんどう》に宿《やど》し給《たま》（ふ）　其《そ》（の）比《ころ》他阿弥陀仏《たあみだぶつ》病悩《びょうのう》の事《こと》ありけるに聖曰《ひじりいわ》（く）我《われ》已《すで》に臨終近《りんじゅうちか》（か）《（ママ）》付《づ》（き）ぬ　他阿弥陀仏《たあみだぶつ》はいまだ化縁《けえん》つきぬ人《ひと》なれば能々看病《よくよくかんびょう》すべきよしのたまふ　而《しか》（る）に所々《しょしょ》の長老《ちょうろう》たち出《い》（で）来《きた》（り）て御教化《おんきょうげ》につきて機《き》の三業《さんごう》を離《はな》（れ）て念仏《ねんぶつ》ひとり往生《おうじょう》の法《ほう》と領解《りょうげ》し侍《はべ》（り）ぬ　然而猶最後《しこうしてなおさいご》の法門《ほうもん》うけ給《たま》（は）覧《らん》と申《もう》（し）ければ　三業《さんごう》のほかの念仏《ねんぶつ》に同《どう》ずといへども　たゞ詞《ことば》ばかりにて義理《ぎり》をも心得《こころえ》ず一念発心《いちねんほっしん》もせぬ人共《ひとども》のとて　他阿弥陀仏南無阿弥陀仏《たあみだぶつなむあみだぶつ》はうれしきかとの給《たま》（ひ）ければ　やがて他阿弥陀仏落涙《たあみだぶつらくるい》し給《たま》（ふ）　上人《しょうにん》もおなじく涙《なみだ》を流《なが》（し）給《たま》（ひ）けるにこそ　直也人《ただなるひと》にあらず化導《けどう》をうけつぐべき人《ひと》なりと申《もう》（し）あひけれ　さて遺誡《ゆいかい》の法門《ほうもん》を書《か》（き）給《たま》（ふ）其《そ》（の）詞《ことば》（に）曰《いわ》（く）

五蘊《ごうん》の中《なか》に衆生《しゅじょう》をやまする病《やまい》なし四大《しだい》の中《なか》に衆生《しゅじょう》をなやます煩悩《ぼんのう》なし　但本性《ただほんしょう》の一念《いちねん》を背《そむ》(き)て五欲《ごよく》を家《いえ》とし三毒《さんどく》を食《じき》として三悪道《さんなくどう》の苦《く》を受《う》(くる)事《こと》自業自得《じごうじとく》の道理《どうり》なり　然者《されば》みづから一念発心《いちねんほっしん》せずよりほかは三世《さんぜ》の諸仏《しょぶつ》の慈悲《じひ》も及《およ》ばざるところ也《なり》

八月中旬《はづきちゅうじゅん》より病悩《びょうのう》弥々《いよいよ》増気《ぞうき》して臨終近《りんじゅうちか》(か)《(ママ)》付《づ》(き)給《たま》(ふ)　訪《とぶら》(ひ)に人《ひと》も来《きた》り書礼《かきふだ》などありければ他阿弥陀仏《たあみだぶつ》はからひて返事《へんじ》せらるべし　今《いま》は念仏《ねんぶつ》の外《ほか》他事《たじ》あるべからずとて　其《そ》(の)後《のち》は人《ひと》に対面《たいめん》ある事《こと》なかりけり　同二十二《どうにじゅうに》日《にち》聖《ひじり》とこづめのいたきかとおもひたれば　神《かみ》の結縁《けちえん》に来《きた》(り)給《たま》(ふ)《(ママ)》てつみしらせさせ給《たま》(ひ)けるよといはれけるを人心得《ひとこころえ》ずして不審《ふしん》をのこしけるに　其《そ》(の)日《ひ》は西宮《にしのみや》の祭《まつり》にて神輿《みこし》輪田《わだ》御崎《みさき》へみゆきなり給《たま》(ひ)けるに　上人臨終《しょうにんりんじゅう》ちかづき給《たま》ふよし聞《き(こ)》へければ　神主今一度《かんぬしいまいちど》最後《さいご》の見参《げんざん》に入《い》(ら)むとて神輿《みこし》を離《はな》(れ)奉《たてまつ》(り)てかくなむまうでたるよし申《もう》(し)入《い》(れ)ければ　聖《ひじり》の詞《ことば》に符合《ふごう》しける間不思議《あいだふしぎ》の思《おも(い)》をなして大明神《だいみょうじん》のいらせ給《たま》(ひ)たるにこそとて此《こ》(の)由申《よしもう》(し)たりけるに上人見参《しょうにんげんざん》ありて十念授《じゅうねんさず》(け)給《たま》(ふ)　神主今生《かんぬしこんじょう》の面拝只今許《めんぱいただいまばかり》なりとて落涙《らくるい》す　念仏《ねんぶつ》の外余言《ほかよごと》なし　とく〳〵といはれければ泣々《なくなく》たち出《い》(で)ぬ　已《すで》に臨終近《りんじゅうちか》(か)《(ママ)》付《づ》(き)給《たま》(ふ)とて諸人群集《しょにんぐんじゅう》しけるに今日《こんにち》にてはあるまじ夜《よ》に入《い》(り)て終《おわ》(る)べきよしいひいだされければ人《ひと》すこししづまりにけり　さて夜漸《よようや》くあけて同二十三《どうにじゅうさん》日辰《にちたつ》の始《はじ(め)》晨朝《じんじょう》の阿弥陀経《あみだきょう》のをはるとひとしく禅定《ぜんじょう》に入《い》(る)が如《ごと》くして往生《おうじょう》し給《たま》(ひ)ぬ　諸人更《しょにんまさ》にこれをしらず念仏結願《ねんぶつけちがん》の後《のち》　他阿弥陀仏《たあみだぶつ》阿弥陀経《あみだきょう》をはじめ給《たま》(ひ)たりける時《とき》こそはや御臨終《おんりんじゅう》としりて声々《こえごえ》になきかなしみけれ　于時《ときに》春秋五十一《しゅんじゅうごじゅういち》嗚呼《ああ》禅客去《ぜんきゃくさ》(つ)ていづくにかにある　たゞ思《おも(い)》を西刹蓮台《さいせつれんだい》の夕《ゆうべ》

の雲《くも》にかく慈訓《じくん》とゞまりてわするゝ時《とき》なし　屢々《しばしば》涙《なみだ》を東域草庵《とういきそうあん》のあかつきの露《つゆ》にそふ　さても時衆並《じしゅうなら》(び)に結縁衆《けちえんしゅう》の中《なか》にまへの海《うみ》に身《み》をなぐるもの六人也《ろくにんなり》　身命《しんみょう》をすてゝ知識《ちしき》をしたふこゝろざし半座《はんざ》の契同生《ちぎりどうしょう》の縁豈《えんあに》むなしからむや　遠《とお》く尺尊《しゃくそん》化縁尽《けえんつ》(き)て無余円寂《むよえんじゃく》に帰《き》したまひし時《とき》をおもひやれば　十《じっ》地究竟《ちくきょう》の菩薩《ぼさつ》も涙《なみだ》を袖《そで》のうへにながし　三明漏尽《さんみょうろじん》の羅漢《らかん》も　魂《たましい》を胸《むね》の中《なか》に消《け》す　賢聖猶《けんじょうなお》しかり　況《いわ》(ん)や凡夫《ぼんぶ》をや　緑松《りょくしょう》すさまじくして夜《よ》の声沙羅双樹《こえさらそうじゅ》のかなしみを伝《つた》へ　蒼海月明《そうかいつきあきら》(か)にして暁《あかつき》の浪抜《なみばつ》提河《だいが》のうれへを模《も》す　仏日已《ぶつにちすで》に隠《かく》(れ)て闇《やみ》にまよひ　法灯永《ほうとうなが》(く)消《き》えて道《みち》をうしなへるがごとし　各々南《おのおのなん》浮《ぶ》の再会空《さいえむな》(しく)隔《へな》りぬれば　たがひに西刹《さいせつ》の同生《どうしょう》をたのむばかりにて　こゝかしこになきかなしみけるありさま　詞《ことば》の林《はやし》をたづね筆《ふで》の海《うみ》をくみてもいひつくしがたくこそ侍《はべ》りけれ

《絵》

《語句》

○輪田御崎《わだのみさき》…和田岬（現、兵庫県神戸市兵庫区）　○東域草庵《とういきそうあん》…娑婆の仮屋　○十地究竟《じっちくきょう》…最高の位。不退転の境地　○抜提河《ばつだいが》…インドの川の名。ガンダック川の支流。釈尊がこの川岸で入滅した。梵語 Ajiravati アジラヴァーティー

《現代語訳》

さて兵庫の島へ渡り観音堂（現、兵庫県神戸市　真光寺）に滞在された。その日、他阿弥陀仏（真教）も病気に苦しんでいたので、一遍聖がおっしゃるには、「私はすでに臨終が近づいている。他阿弥陀仏（真教）

はまだ衆生を教化する因縁がつきない人なのでよくよく看病するように」とおっしゃった。そこで、長老の方々がやってきて、「一遍聖の教えについて機の三業を離れて念仏を称えることだけが極楽浄土に往生する方法であると理解しています。しかしながらなお、最後の教えを受けたい」と申すので、一遍聖は答えた。「機の三業を離れて念仏を称えることを理解しているが、それは言葉のうえだけであり、その教えの真意を領解せずに、一念発心しない人たちもいる。他阿弥陀仏（真教）よ、南無阿弥陀仏はうれしいか」とおっしゃると、すぐに他阿弥陀仏（真教）は、（その問いの真意を理解して）落涙された。そして、その姿を見て一遍聖も同じように涙を流された。このことこそが、他の人ではなく他阿弥陀仏（真教）が化導を受け継ぐべき人である、と周囲の人は納得した。

さて遺誡《ゆいかい》の法門をお書きになった。その詞《ことば》は、

五蘊の中に衆生を病ます病はない。四大の中に衆生を悩ます煩悩はない。ただ本来の正しい心に背いて五欲を家とし、三毒を食とすることにより、三悪道の苦しみを受けるのは自業自得である。だから自ら一念発心する以外は三世の諸仏の慈悲を受けることができないのである。

八月中旬から病気はいよいよ進み臨終が近づいて来た。人びとが訪れてきて、書札などもあるので、他阿弥陀仏（真教）が適切に返事をしている今は、念仏に専念するとおっしゃって、その後は人に対面することはなかった。同月二十二日、人びとは一遍聖が褥瘡（とこずれ）を痛がっていると思っていた。しかし、

「神が結縁においでになって私をつねって知らせて下さった」とおっしゃったので、それを人びとは不審に思っていた。その日は西宮神社の例祭で、神輿が輪田御崎に向かわれる時に、一遍聖の臨終が近いことを神主はお聞きになった。そこで、最後にもう一度お目にかかりたいと神輿を離れ、このように一遍聖に申し入れた。それは先ほどの一遍聖の言葉と符合しているので、不思議な思いがしていた。これは、大明神がいらっしゃったことであると申していると、一遍聖は神主にお会いになり十念をお授けになった。神主は、これが今生の別れになるだろうと涙を流した。念仏のほかに言葉はなかった。「早く早く」と一遍聖にいわれたので、神主は泣く泣く別れたのである。すでに一遍聖の臨終が近づいていると、人びとが集まってきた。一遍聖は、「臨終は今日ではない。夜に入ってから臨終するであろう」とおっしゃったので、人びとは少し静まった。

さて、夜が明けて同二十三日辰の始め（午前七時頃）、晨朝法要の『阿弥陀経』が誦み終わるのと同時に禅定に入るように往生された。人びとはこれを知らなかった。念仏結願した後に、他阿弥陀仏（真教）が『阿弥陀経』を読み始められたその時に、実は一遍聖がすでに臨終していたことを知り、声々に泣き悲しんだのである。

ときに、一遍聖、御年五十一歳、嗚呼、今どこにいらっしゃるのだろうか。ただ思いは西刹蓮台の夕べの雲に心をはせて、一遍聖の慈訓は心の中に留まって忘れる時はなかった。繰り返し流れる涙は東域草庵のあかつきの露となった。そうであっても、時衆並びに結縁衆の中には目の前の海に身を投げるものが六人いた。身命を捨てて一遍聖を慕う志は、西方蓮台の契り、同じく往生するという縁は必ず無駄にはならないであろう。遠い昔、釈尊が化縁尽きて涅槃に入られた時のことを思えば、十地究竟の菩薩も涙を袖の上に流し三明漏尽の阿羅漢も魂を胸の中に消された。賢聖といえどもその様子であるのに、ましてや凡夫においてはいうまでもない。緑の松に吹く風は凄まじく、その夜の音は釈尊入滅時の沙羅双樹の悲しみを伝え、青々とした海は月が明るく照らし暁の波は抜提河の悲しみを模しているかのようである。仏日はすでに隠れて闇の中に迷い法灯が長い間消え道を失ってしまったかのようである。時衆と結縁衆はこの世での再会はあてもなく困難であるので、互いに西方極楽世界に往生し再会することを約束するばかりであるが、あちらこちらで泣き悲しみにふける様子は詞の林を訪ね筆の海を汲んでみても、記すことができないものであった。

《絵》

一遍上人縁起絵第五

第一段

《原文》

さて遺弟《ゆいてい》等《ら》知識《ちしき》にをくれたてまつりぬるうへは　速《すみ(やか)》に念仏《ねんぶつ》して臨終《りんじゅう》すべしとて丹生山《たんじょうさん》へわけ入《い》(り)ぬ　林下《りんげ》に草《くさ》の枕《まくら》をむすび叢辺《そうへん》に苔《こけ》の莚《むしろ》をまうけて夕《ゆうべ》の雲《くも》に臥《ふ》し　暁《あかつき》の露《つゆ》におきてはたゞ上人恋慕《しょうにんれんぼ》の涙《なみだ》をのみぞながしける　かくて山《やま》をこえ谷《たに》を隔《へだ》(て)て或所《あるところ》に寺《てら》あり　仏閣零落《ぶっかくれいらく》して蘿苔《らだい》礎《いしずえ》を埋《う》み寺《じ》院《いん》破壊《はえ》して荊棘《けいきょく》道《みち》を塞《ふさ》ぐ　此《こ》(の)所《ところ》にて暫《しばら》(く)念仏《ねんぶつ》しけるに賤《いや》(し)き樵夫《しょうふ》も供養《くよう》をのべ　幼《おさな》き牧童《ぼくどう》の発《ほっ》心《しん》するもあり　又此《またこ》(の)山《やま》のふもと粟《おうご(あわかわ)》　河　といふ所《ところ》の領主《りょうしゅ》なる人《ひと》　まうでゝ念仏《ねんぶつ》うけたてまつらむと申《もう》(し)けるを　他阿弥陀仏《たあみだぶつ》曰《いわ》(く)　聖《ひじり》は已《すで》に臨終《りんじゅう》し給《たま》(ひ)ぬ　われらはいまだ利益衆生《りやくしゅじょう》にむかひたらばこそと仰《おお》(せ)られけるをかやうに縁《えん》をむすび　奉《たてまつ》(る)べきもの、侍《はべ》る上《うえ》は　只給《ただたま》(は)らむと　頻《しきり》に所望《しょもう》しける　間《あいだ》　始《はじ(め)》て念仏《ねんぶつ》の算《ふだ》を給《たま》(ひ)ぬ　此《こ》(の)堂《どう》を極楽浄土寺《ごくらくじょうどじ》といひける所《ところ》から不思議《ふしぎ》にぞ侍《はべ》る　さて如此《かくのごとく》化導《けどう》ありぬべからんには　徒《いたずら》に死《し》(し)ても何《なん》の詮《せん》かあるべき　故聖《こひじり》の金言《きんげん》も耳《みみ》の底《そこ》に留《とどま》り侍《はべ》れば化度利生《けどりしょう》し給《たま》(ふ)にこそとて他阿弥陀仏《たあみだぶつ》を知識《ちしき》として立《た》(ち)出《い》(で)にけり　此《こ》(の)聖《ひじり》は眼《まなこ》に重瞳《ちょうどう》浮《か》(び)て纖芥《せんかい》の隔《へだ》(て)なく面《かお》に柔和《にゅうわ》を備《そな》(へ)て慈悲《じひ》の色深《いろふか(ママ)》(か)し　応供《おうぐ》の徳至《とくいた》(り)て村里《そんり》盛《さかり》なる市《いち》をなし

利益《りやく》をのづから用《よう》を施《ほどこ》して国土《こくど》遍《あまね》く帰伏《きぶく》するありさま誠《まこと》に権化《ごんげ》の人《ひと》ならではか丶る不思議《ふしぎ》はありがたかるべき事《こと》にや

《絵》

《語句》

○丹生山《たんじょうさん》…現、兵庫県神戸市北区、帝釈山地の西部にある山。『丹生山縁起』によれば、欽明天皇三年百済国聖明王太子童男行者がこの山に明要寺を開山したとあり、わが国仏教発祥の地とされる　○粟河《おうご》…泡河・粟川・淡川・淡河とも書く。帝釈山地と北摂東播丘陵に挟まれた志染川支流淡河川流域。川筋に沿って播磨中部から摂津の有馬・三田方面へ抜ける街道が走り、古来重要な交通路であった　○樵夫《しょうふ》…山の樹木の伐採を業とする人　○聖《ひじり》…『縁起絵』第一から第五第一段までの「聖」「知識」は一遍を指している。そのため、現代語訳では「一遍聖」と表記した。また、他阿真教を知識として立ててからは、「聖」「知識」は他阿真教を指している。そのため、現代語訳では「真教聖」と表記した。他阿真教が知識となってから一遍聖を懐古する場合は「故一遍聖」と呼称している
○極楽浄土寺《ごくらくじょうどじ》…詳細不明　○重瞳《ちょうどう》…一つの眼球に二つの瞳孔がある眼　○繊芥《せんかい》…細かいごみ。転じて、ごくわずかなこと。心中のわずかなわだかまり

《現代語訳》

さて、遺弟たちは一遍聖の往生に遅れをとったので、すみやかに念仏をして臨終するべきであると丹生山へ分け入った。林の根元を草枕とし、草むらの苔をむしろにして、夕べの雲を見ながら横になり、暁の

露に目を覚まし、ただ故一遍聖をお慕いして涙を流すばかりであった。このようにして山を越え、谷を隔てた所に寺があった。仏閣は朽ちてツタや苔が礎にはびこり、寺院が破壊され、イバラが生え道を塞いでいた。この場所でしばらく念仏していると、みすぼらしい樵夫（林業従事者）が供養を施し、年少の牧童が発心することもあった。また、この山のふもとの栗河という所の領主が詣でて念仏札を受けたいと申し上げた。しかし、他阿弥陀仏（真教）は、「一遍聖は、すでに臨終された。我らは利益衆生をすることはできない」とおっしゃった。栗河の領主は、「このように結縁したいと申される人がいる以上、念仏札を与えてほしい」としきりに念仏札を所望したので、他阿弥陀仏（真教）は、はじめて念仏札を与えられた。この御堂が極楽浄土寺という場所であることも不思議に思われた。

さて、このように化導をしなければならないのに、ただ死しても何の意味があろうか。故一遍聖の金言も耳の底に留まっているので、化度利生するために、他阿弥陀仏を知識として出発した。この真教聖は重瞳が浮かび、纖芥の隔てなく、顔は柔和で慈悲深い様子であった。それは、供養を受けるのにふさわしい徳のある人になり、村里が盛んになり市をなすように、その利益は自然にはたらきかけて、国土が遍く帰伏するありさまである。これは、まことに仏が人びとを救うために権化した人であるから、このようなことは不思議でありがたがるべきであろう。

《絵》

第二段

《原文》

正応三年夏《しょうおうさんねんなつ》 機縁《きえん》に任《まか》(せ)て 越前《えちぜん》の国府《こくふ》へいり給《たま》(ふ)に 当国惣社《とうこくそうしゃ》より召請《しょうしょう》ありける間《あいだ》 七日参《しちにちさん》籠《ろう》して今南東《こんなんとう》といふ所《ところ》へ立《た》(ち)給《たま》ふべきにて侍《はべ》(り)けるに 神殿《しんでん》に歌《うた》をかきをかれたり

あすよりは たれにとはまし のりのみち
ゆふしてかけて やらじとぞおもふ

御宝殿《ごほうでん》の中《なか》などへは輙《たやす》く人《ひと》のよる事《こと》も侍《はべ》らぬに かゝる不思議《ふしぎ》の侍《はべ》るは 疑《うたがい》なく権現《ごんげん》のしめし給《たま》(ふ)にこそとて神主頼基《かんぬしよりもと》披露《ひろう》し侍《はべ》(り)けり さて聖《ひじり》は今南東《こんなんとう》へうつり給(ひ)けるに国府在家人或時霊夢《こくふざいけにんあるときれいむ》をみる 権現《ごんげん》とおぼえさせ給《たま》(ひ)て束帯《そくたい》たゞしき人《ひと》の二三十人許《にさんじゅうにんばかり》社頭《しゃとう》を出《い》(で)給《たま》(ふ)を ゆめ心地《ごこち》にこれは聖《ひじり》の迎《むか》(へ)に出《い》(で)させ給《たま》(ふ)と覚《おぼ》(え)て夢覚《ゆめさ》(め)にけり 其《そ》(の)後幾程《のちいくほど》もなくて 彼所《かのところ》の直人等《ただびとら》請《しょう》じ奉《たてまつ》(る)間重《あいだかさ》(ね)て参詣《さんけい》(し)給《たま》(ふ)神慮《しんりょ》もさこそ納受《のうじゅ》あるらめと夢想《むそう》の告思《つげおも》(ひ)合《あわ》(せ)られて貴《とうと》(く)ぞ侍《はべ》る

《絵》

《語句》

○越前《えちぜん》…北陸道の一国で、現在の福井県の東半分にあたる　○惣社《そうしゃ》…福井県越前市京町にある総社大神宮。旧県社。祭神は大己貴尊。相殿の左は天地之神霊、右は末社五八神。当社の縁起によると、国府の地に鎮座する総社で、かつては惣社大明神と称し、お総社と呼ばれて町民に親しまれた　○今南東《こんなんとう》…今南東郡。中世から江戸初期の郡名。越前国に属す。越前国の中央部、月尾川・鞍谷川流域および足羽川上流域に位置する

《現代語訳》

正応三年（一二九〇）夏、真教聖は機縁に任せて、越前の国府へ入られると、当国の惣社から召請があり、七日間参籠して、今南東という所へ出発しようとしていた時に、真教聖は神殿に歌を書き置かれた。

あすよりは　たれにとはまし　のりのみち
　　ゆふしてかけて　やらじとぞおもふ

（明日よりは、仏法の道を誰に問えばよいのだろうか。神殿のしめ縄に木綿の四手を下げて決意を託し、決して破らないと誓う）

惣社の御宝殿などの中へは、理由なく人が入ることはないのに、御宝殿に歌が移動していたという不思議なことが起きたのは、疑いなく権現が示して下さったことだと神主の頼基が披露された。

さて、真教聖は今南東へお移りになる時、国府の在家人がある時霊夢を見た。権現と思われる束帯姿の人が、二、三十人ばかり社殿の前を出発されたのを、これは真教聖の迎えに出られたと感じて夢から覚めた。その後、真教聖はすぐに、国府の人びとなどに招かれたので、重ねて参詣された。神慮もさぞかし願いを聞き入れることであろうと、夢想のお告げを思い合わせ貴く思われた。

《絵》

第三段

《原文》

其《そ》(の)後《のち》佐々生《さそう》瓜生《うりゅう》などいふ所　々《ところどころ》修行《しゅぎょう》して念仏《ねんぶつ》勧《すす》(め)給《たま》(ふ)程《ほど》に　夏過《なつす》(き)(ママ)秋暮《あきく》(れ)ぬれば玄冬《げんとう》漸《ようや》(く)迫《せま》(り)来《きた》(り)て深雪路《しんせつみち》をうづみ　青陽已《しょうようすで》に隣《となり》をしめて寒風梢《かんぷうこずえ》を払《はら》(ふ)程《ほど》なるに　又惣社《またそうしゃ》より召請《しょうしょう》しける間《あいだ》　其《そ》(の)歳《とし》の別時《べつじ》は彼《か》(の)社壇《しゃだん》にして修《しゅ》せられけり　焼香匂絶《しょうこうにおいた》(え)ざれば沈麝薫《ちんじゃくん》を譲《ゆず》(り)て煙松燸《えんしょうねん》に芬郁《ふんいく》し供華粧《くげよそ》(ひ)鮮《あざや》(か)なれば曼陀《まんだ》かざりをうつして風廟堂《かぜびょうどう》に繽紛《ひんぷん》たり　さて神主《かんぬし》は正面《しょうめん》にして七日《しちにち》の間結縁《あいだけちえん》し侍《はべ》るに明神《みょうじん》とおぼえさせ給(ひ)て長二尺許《ちょうにしゃくばかり》なる小冠束帯《しょうかんそくたい》たゞしくして神主《かんぬし》が左右《さゆう》の肩《かた》をふみて立《た》(ち)給《たま》へり　諸人《しょにん》まのあたりこれを拝《はい》す　上人《しょうにん》を加護《かご》し法味《ほうみ》を飡受《そんじゅ》し給《たま》(ふ)よとありがたく貴《とうと》(く)ぞ侍《はべ》る　凡《およ》(そ)毎年歳末七日夜《まいとしさいまつしちにちょ》の間《あいだ》はあかつきごとに水《みず》をあみ一食定斎《いちじきじょうさい》にて在家出家《ざいけしゅっけ》

をいはず常坐合掌《じょうざがっしょう》して一向称名《いっこうしょうみょう》の行間断《ぎょうかんだん》なく番帳《ばんちょう》を定《さだ》(め)て時香《とき(の)こう》一二寸《いちにすん》を過《すご》さず面々《めんめん》に臨終《りんじゅう》の儀式《ぎしき》を表《ひょう》せられけるは　月日空《つきひむな》(し)くうつりきて露《つゆ》(の)命《いのち》もきゆることはりの至極《しごく》する所《ところ》を行《ぎょう》じあらはされけるなるべし　いとあはれにぞきこえ侍《はべ》る

別時結願《べつじけちがん》ののちよみ給《たま》(ひ)ける

のどかなる　水《みず》には色《いろ》も　なきものを
風《かぜ》のすがたや　波《なみ》とみゆらむ

終《おわ(り)》まつ　こゝろは声《こえ》に　出(で)にけり
口《くち》にほとけの　名《な》こそきこゆれ

《絵》

《語句》

○佐々生《さそう》…現、福井県丹生郡越前町。和田川流域に位置し、東に三床山がそびえる。字八王子に古墳後期の円墳・方墳が分布し、三床山の山上には中世の御床ヶ岳城跡が残る。また同山麓には式内社とされる佐佐牟志神社が鎮座し、地名は同社に由来するという　○瓜生《うりゅう》…現、福井県越前市瓜生町　○沈麝薫《ちんじゃくん》…お香の一種　○煙松《えんしょう》…松を燃やした煙。松明たいまつの煙。また、松を燃やしてつくった煤《すす》。顔料や墨の原料として用いる。松煤　○壖《ねん》…垣に沿った周囲の低い土地　○芬郁《ふんいく》…香りの高いさま。においの盛んなさま。芬芬　○供華《くげ》…仏や死者に花を供えること。また、その花　○繽紛《ひんぷん》…細かいものが多く入り乱れるさま。花や雪などが乱れ散るさま　○時香《とき(の)こう》…儀式中の

時間を計算する際に香も用いた

《現代語訳》

その後、佐々生、瓜生などという所を修行して、真教聖が念仏を勧められていると、夏が過ぎ秋が暮れ、冬がようやく迫り来て、深雪が道を埋め、春がすでに隣まで来ているのに、寒風が木々の梢を揺らすようになると、また惣社から召請があり、その歳の別時念仏会は惣社の社壇で修行された。焼香の薫りが絶えないので、沈麝薫が松明の煙に移って、社壇の周囲に薫った。供華は美しく鮮やかなので、曼陀かざりを映し出し、風は廟堂に吹き乱れていた。

さて、神主は正面で七日の間結縁していると、身長が二尺ばかり（約六十センチ）の小冠束帯を正した明神と思われる者が、神主の左右の肩に立たれていた。人びとは目の当たりにして、明神を拝んだ。明神は、「真教上人を加護し、仏法の功徳をいただく」とおっしゃり、ありがたく高貴であった。おおよそ、毎年歳末の七日七夜の間は、夜明けごとに水を浴び、一食定斎にして、在家出家の関係なく、常坐合掌して一向に称名し、絶え間なく番帳を定めて、時香は一、二寸（三〜六センチ程）では終わらない。人びとに臨終の儀式を体現させることは、月日がむなしく過ぎ、露命のように消えるということわりの究極を修行により、体現させることである。これは、とてもありがたいことに聞こえた。

別時結願の後、真教聖が読まれた。

のどかなる　水には色も　なきものを
　風のすがたや　波とみゆらむ
〈穏やかな水〈名号〉には色もないけれども、風〈称名念仏〉によって水の姿〈名号〉が波〈南無阿弥陀仏〉としてみえるものであろう〉

終《おわり》まつ　こゝろは声に　出(で)にけり
　口にほとけの　名こそきこゆれ
〈臨終を待つ心は声に出されるものである。それが仏〈阿弥陀仏〉の名を南無阿弥陀仏と口に出して、聞こえるように申し上げるのである〉

《絵》

第四段

《原文》
同四年八月《どうよねんはづき》　加賀国今湊《かがのくにいまみなと》といふ所《ところ》にて小山律師《おやまりっし》なにがしとかやいへる人僮僕《ひとどうぼく》あまた引具《ひきぐ》(し)て道場《どうじょう》へまうでぬ　この人《ひと》は罪業《ざいごう》をおそれず悪事《あくじ》にはゞからず　破戒無慚《はかいむざん》にして邪見放逸《じゃけんほういつ》なり　いかゞふるまは

むずらむと諸人目《しょにんめ》もあやに思《おも》(ひ)あへるに　日頃《ひごろ》の気色《けしき》にはいとかはりて詞《ことば》も出《い》(だ)さゞりければこはいかにとみえけるに　中食《ちゅうじき》のおりふしなりければ　聖《ひじり》飯《めし》を捧《ささ》(げ)てあの御房《ごぼう》これなれといはれけるをかしこまりおそれたるていにてうけとりてくひたりけるぞはじめなりける　十念《じゅうねん》うけ法門《ほうもん》ちやうもむして後《のち》は悪行《あくぎょう》こと〴〵くとゞめて一向専称《いっこうせんしょう》の行者《ぎょうじゃ》となりけるが齢《よわい》已《すで》にたけて所労《しょろう》つき侍《はべ》りぬ　明医湯薬《みょういとうやく》をほどこせども生死《しょうじ》の業病《ごうびょう》はいやしがたく従類筋力《じゅうるいきんりょく》をつくせども無常《むじょう》の殺鬼《さっき》はふせぎがたし　遂《つい》に臨《りん》終正念《じゅうしょうねん》にして往生《おうじょう》の素懐《そかい》をぞ遂《と》(げ)にける　紅蓮《ぐれん》の冬《ふゆ》の氷《こおり》は心水《しんすい》より結《むす》(ぶ)といへども　名号《みょうごう》の智《ち》火《か》これを消し剣樹《けんじゅ》の秋《あき》の霜《しも》は罪根《ざいこん》よりつもるといへども　摂取《せっしゅ》の光明《こうみょう》これを滅《めっ》す　如此《かくのごとく》の類《たぐい》聖《ひじり》の教化《きょうけ》にあづかりて往生《おうじょう》しける人《ひと》其《そ》(の)数《かず》をしらずとぞ

或人《あるひと》の返事《へんじ》につかはされける
なもあみだ　仏《ほとけ》の身《み》とは　極楽《ごくらく》の
はちすのはなの　ひらけてぞなる

《絵》

《語句》

○加賀国《かがのくに》…北陸道の国名。国名の由来は、立国によって国域に含まれた加賀郡の郡名による。北陸道の中央部南寄りに位置し、現在の石川県域の南半部にあたる　○今湊《いまみなと》…現、石川県白山市。加賀国能美郡のうち。七条道場本

『時衆末寺帳』には「本誓寺、今湊」と見え、清浄光寺所蔵『時衆過去帳』には、南北朝期から戦国期にかけて、今湊本誓寺とともに、今湊で往生した時衆が散見する。時衆は神社との結び付きが深いことからして本誓寺は現在の今湊神社付近に存在したと推定される　○小山《おやま》…現、石川県金沢市尾山。戦国期に見える地名。加賀国石川郡のうち。現在の金沢市街の中央部の金沢城跡とその周辺付近。御山・小山とも書いたとされる　○僮僕《どうぼく》…召し使いの少年　○中食《ちゅうじき》…一日二食の頃、朝食と夕食との間にとった軽い食事。後には昼食をさす　○従類《じゅうるい》…一族とその家来の者ども　○筋力《きんりょく》…筋肉の力。転じてここでは努力の意　○無常《むじょう》の殺鬼《さっき》…万物が生滅変化し、常住でないことを殺そうとする鬼に譬えている。転じて死　○素懐《そかい》…日頃から心に抱いている考えや希望。かねてからのこころざし。本懐　○紅蓮《ぐれん》…紅色の蓮の花。酷い寒さにより皮膚が裂けて流血し、紅色の蓮花のようになる「紅蓮地獄」の略　○剣樹《けんじゅ》…枝・葉・花・実などがすべて剣でできているという地獄の樹木。「剣樹地獄」の略

《現代語訳》

同（正応）四年（一二九一）八月、加賀国今湊（現、石川県白山市）という所で、小山律師の何某という人が童僕を多く引き連れ、道場へ詣でた。この律師は罪業をおそれず、悪事をはばからず、破戒を犯しても何とも思わず、因果の道理をわきまえぬ放逸ぶりであった。この律師がどのような行動をするであろうかと人びとは目を合わせて心配していた。しかし、律師は日頃の様子とうって変わり、言葉も出さなかったので、これはどうしたことかと人びとは思われた。昼食の時間だったので、真教聖が飯を差し出して、「あの律師にこれを出しなさい」とおっしゃられた。律師は恐縮し、恐れたありさまでそれを受け取り、食べ

たのが律師との結縁のはじめであった。律師は十念を受け、教えを聴聞してからは悪行をすべてやめ、一向専称する修行者となったが、すでに高齢で病気になってしまった。名医が湯薬したが、生死の業病は癒しがたく、従者たちが力を尽くしたが、無常の殺鬼は防ぎがたかった。ついに臨終の時には一心に阿弥陀仏を念じて、往生の素懐を遂げられた。紅蓮地獄の冬の氷は心水から生じるというが、名号の智慧の火はこれを消す。剣樹地獄の秋の霜は、罪根から積み重なるというが、阿弥陀仏の光明に摂取され、これを滅す。このような話は、真教聖の教化をうけ、往生した人の数をはかることはできないとのことである。

ある人への御返事にお示しになった歌

なもあみだ　仏の身とは　極楽の
　　はちすのはなの　ひらけてぞなる

（南無阿弥陀仏を称え成仏する身は、極楽の蓮華の花が開いてはじめて仏に生まれるのである）

《絵》

第五段

《原文》

さて藤塚《ふじつか》といふ所《ところ》に暫《しばら》(く)逗留《とうりゅう》ありて立《た》(ち)給《たま》はむとしける　其《そ》(の)日《ひ》の夕《ゆうべ》より雲《くも》くもり風《かぜ》あれて雨終夜《あめしゅうや》ふりて朝《あした》は空《そら》さりげなく晴《は》(れ)にければ宮腰《みやのこし》へ越《こ》(し)給《たま》(ふ)に　小河《おがわ》といふ名《な》のみして岩高《いわたか》(く)瀬早《せはや》き大河《たいが》あり　水《みず》のおもを《(ママ)》びたゞしくまさりてかちよりはこゆべうもあらぬけしきなり　疥癩《かいらい》の類《たぐい》種々《しゅじゅ》の方便《ほうべん》をめぐらして旅人《たびびと》をわたさむとしけるに　其《そ》(の)辺《あたり》の住人等《じゅうにんら》又船《またふね》をかまへて我《われ》わたさむといふあらそふ程《ほど》に旅人等《たびびとら》両岸《りょうぎし》にぞ徒《いたずら》にたてりける　さて一方《いっぽう》より聖《ひじり》を渡《わた》し奉《たてまつ》(ら)むといひけるに　聖曰《ひじりいわ》(く)　あらそひいまだしづまらざらむにはわたさるべきにあらず　こゝにして又日《またひ》をくらすべきにもあらねば　これこそ最後《さいご》にて侍《はべ》らめとて聖《ひじり》の腰《こし》に縄《なわ》をつけて道俗時衆《どうぞくじしゅう》をの〳〵とりつきてぞわたりける　上人《しょうにん》を始《はじ(め)》て同音《どうおん》に念仏《ねんぶつ》する声雲《こえくも》にひゞき浪《なみ》にとゞろくばかり也《なり》　而《しか》(る)に青天高《せいてんたか》く晴《は》(れ)て紫雲《しうん》なゝめにたなびけり　不動尊多門天碧落《ふどうそんたもんてんへきらく》の雲《くも》に透《とお》(り)て蒼溟《そうめい》の波《なみ》にうつろひ給《たま》(ふ)と見《み》えしほどに　洪水《こうずい》速《すみ(やか)》にあさ瀬《せ》になりてやすらかにぞわたりつき給《たま》(ひ)にける　やがて藤塚石立《ふじつかいしたて》などいふ所所《ところどころ》の人《ひと》おほく耳目《じもく》をおどろかしけるとなむ　昔仁寿年中智証大師入唐《むかしにんじゅねんちゅうちしょうだいしにっとう》の時龍頭《ときりゅうとう》の舟《ふね》を艤《ふなよそお》ひ鼈《すっぽん》波《なみ》に纜《ともづな》をときて万里《ばんり》の煙浪《えんろう》をしのぎ給《たま》(ひ)しに　暴風《ぼうふう》にふかれてはからざるに琉球国《りゅうきゅうのくに》にうちよせられたまへり　異《い》類《るい》むらがりあつまりて同朋伴侶《どうぼうはんりょ》たちまちにあやまたれなむとす　爰《ここ》(に)和尚密印《かしょうみついん》に住《じゅう》して懇祈《こんき》をこらし

給《たま》(ふ)によりて黄色《おうしき》の明王白髪《みょうおうはくはつ》の老翁《ろうおう》新羅大明神船《ふね》の舳《へさき》に現《げん》じて悪風《あくふう》をとゞむとみえたり　彼《か》は上古《じょうこ》の事《こと》なればいふに及《およ》ばず代《だい》すゑにくだりてかゝる奇瑞《きずい》を顕《あらわ》(し)給《たま》(ふ)事《こと》ありがたくぞ覚《おぼ》(え)侍《はべ》る

或時結《あるときむす》(び)給《たま》(ふ)頌《じゅ》(に)曰《いわ》(く)

願力道不嫌余念《がんりきどうふげんよねん》　西方信無有雑乱《さいほうしんむうぞうらん》
名号外不求臨終《みょうごうげふぐりんじゅう》　称念内即遂往生《しょうねんないそくすいおうじょう》
応無所住而生其心《おうむしょじゅうじにごしん》といふ事を

またでみる　すがたばかりや　ありあけの
月《つき》にわかれぬ　なごりなるべき

又《また》よみ給《たま》(ひ)ける

山《やま》のはに　こゝろの月《つき》を　さきだてゝ
おいのすがたぞ　にしにかたぶく

《絵》

《語句》

○藤塚《ふじづか》…現、石川県白山市。加賀国能美郡のうち。手取川河口の港である。『時衆末寺帳』の「聖号寺」は「元吉」に所在しているが、元吉とは藤塚神社の別当寺元吉寺にちなんだ藤塚の別称である（『郷村名義抄 加賀志徴』）から、当時は時衆の一拠点があったと考えられる　○宮腰《みやのこし》…現、石川県金沢市金石の旧地名。犀川河口の右岸に位置し、日本海に面する。地名の由来は大野湊神社のふもとにあたることによる。また社地のふもととなる村で宮浦とも呼ばれたという。加賀国石川郡大野荘のうち。また、『時衆過去帳』の十五代尊恵条に重阿弥陀仏、十七代暉幽条に覚阿弥陀仏などの、宮腰在住の時衆が見える　○小河《おがわ》…現、石川県白山市小川。小河とも書く（『源平盛衰記』・『三州志』など）。手取川扇状地の扇端に位置し、日本海に面する。加賀国石川郡のうち　○石立《いしたて》…現、石川県白山市石立町。石立村。手取川扇状地の扇端部に位置し、日本海に面する。七ヶ用水の一つ大慶寺用水が地内を流れる。加賀国石川郡のうち　○琉球国《りゅうきゅうのくに》…旧国名。琉球諸島を版図とし、一時期奄美諸島（鹿児島県）をも含んだ　○黄色《おうしき》の明王《みょうおう》…不動明王像。螺髪で両眼を開き、火焔頭光を負って両脚を踏ん張って真正面向きに立つ姿であって、これは図像類や他の不動明王像と全く異形であるばかりか、全身が肉瘤で盛り上がっているのも類をみない。ただ右手に剣、左手に羂索を持つだけが一般不動像と共通しているだけである。その古様の描線と彩色法と図像と円珍伝記事とによって、承和五年（八三八）の作品と考える説が有力であるが、疑問説もある。全身が黄土色に彩られているために黄不動の俗称が江戸時代から生まれたのである　○白髪《はくはつ》の老翁新羅大明神《ろうおうしんらだいみょうじん》…新羅明神。園城寺（三井寺）の伽藍鎮守として祀られるとともに、ひろく天台寺門宗における護法神として崇敬される帰化神祇の一つ。円珍（智證大師）が平安時代の初め求法のために入唐した時、赤山法花院において新羅人が礼拝していた土俗的な神祇を、仏教護法のために日本へ伴い帰ったと伝える　○応《おう》無《む》所住《しょじゅう》而《じ》生《に》其心《ごしん》…鳩摩羅什訳『金剛般若波羅蜜経』（大正蔵・八巻・二三五頁・下段）

《現代語訳》

さて、真教聖は藤塚という所に少しの間逗留され、旅立とうとされた。その日の夕方から空は曇り、風は吹き荒れ、雨は一晩中降ったが、朝には空が何事もなかったかのように晴れたので、宮腰へお越しになった。その時に、小河とは名ばかりで、岩は高く、流れが速い大河があった。水量が多く、徒歩ではとても渡ることができない様であった。貧しい身なりをした人たちがさまざまな方法で旅人を渡そうとし、その辺りの住人たちもまた船を準備して旅人を渡そうと言い争っていた。そのため、旅人たちは両岸で立ち往生していた。

さて、どちらか一方から「真教聖をお渡ししよう」と言われた時に真教聖は、「争いが静まらないうちには渡してもらうわけにはいかない。しかし、ここに居てまた一日を過ごすべきでもないので、これこそ最後の手段だ」とおっしゃった。真教聖が腰に縄をつけて、道俗時衆は各々その縄にすがりついて渡った。真教聖が最初に称えた念仏に続き、時衆の念仏する声は天に響き、波にとどろくほどであった。しかるに、青天高く晴れ、紫雲がたなびいた。不動尊多聞天は碧落の雲に透け、蒼溟の波にお姿が映って見えた。すると、洪水はすぐに治まり浅瀬になって、真教聖は平穏無事に渡られた。このことは、すぐに藤塚や石立などにいる多くの人びとは耳をかたむけ目をみはった。

昔、仁寿年中（八五一～八五四）、智証大師円珍が入唐した時に、龍頭の船を準備し、執拗な荒波に船を繋ぎ止めるともづなを解いて、万里の波立つ海路を進まれた。その時、暴風に吹かれて、思いがけなく琉球国に漂流された。漂流先の人びとが群がり、同朋の伴侶たちはまたたく間に殺されそうになった。この時、円珍は印を結び、祈請された。すると、黄不動尊と白髪の老翁である新羅大明神が船首に現れ、蛮行を止めたと伝わっている。このことは、はるか昔の話なので言うまでもないが、時代がくだって、このような真教聖の奇瑞が顕れたことがありがたいことである。

ある時につくられた偈頌にいうことには、

願力道不嫌余念　西方信無有雑乱
名号外不求臨終　称念内即遂往生

（阿弥陀仏の誓願の道は、余念を嫌わず、西方極楽浄土への信心は混乱することはない。それは、名号のほかに臨終の道はないからで、称名念仏のうちに往生を遂げるからである）

応無所住而生其心ということを

（応に住する所無くして而も其の心を生ずべきことを

「心は一ヶ所に留めることなく、執着《しゅうじゃく》にとらわれず、自由な心をもちなさい」ということを）

またでみる　すがたばかりや　ありあけの
　月にわかれぬ　なごりなるべき

〈夜があけても、まだ姿だけを眺めることができる有明の月〈名残の月〉は、いくら名残惜しいと思ってもまもなく消えてしまうように、亡くなられた一遍聖の姿を思い出して、いくら名残惜しいと思っても、すでに死に別れてしまったのだから、しかたがないことだ。だからいつまでも故一遍聖に対する未練心にとらわれていてもしかたがない）

また、真教聖は詠まれた、

山のはに　こゝろの月を　さきだてゝ
　　おいのすがたぞ　にしにかたぶく

（山の端〈山を遠くから眺めた時、山と空との境目〉からそろそろ月が出るであろう、という頃になると、太陽は西に傾き出すが、先に亡くなられた一遍聖の姿を心に思い浮かべると、いやが上にも自らの老いていく姿ばかりに意識が向いて、西方極楽世界に赴く時が近づいていると感じられるものだ）

《絵》

一遍上人縁起絵第六

第一段

《原文》

或所《あるところ》にて聖道門《しょうどうもん》の学匠《がくしょう》とて聖《ひじり》の化導《けどう》に難《なん》を加《くわ》(へ)けるは　円頓速疾《えんとんそくしつ》の妙行《みょうぎょう》は実相開会《じっそうかいえ》の真門《しんもん》　他《た》力本願《りきほんがん》の称名《しょうみょう》は爾前方便《にぜんほうべん》の権教也《ごんきょうなり》　豈伽耶《あにかや》を離《はな》(れ)て寂光《じゃっこう》あらむや　何《なん》(ぞ)穢土《えど》を厭《いと》(ひ)て浄刹《じょうせつ》を希《ねが》(ふ)べき　方便《ほうべん》と真実《しんじつ》と比校《ひこう》に及《およ》ばずと申《もう》(し)ければ　聖曰《ひじりいわ》(く)一代半満《いちだいはんまん》の教法《きょうほう》は三乗漸頓《さんじょうぜんとん》の根機《こんき》其《そ》(の)益《やく》を被《こうむ》(る)事《こと》をいて論《ろん》せず　但機教時《ただききょうとき》そむけば修《しゅ》しがたく入《い》(り)がたしといへり　今往生浄土《いまおうじょうじょうど》の教門《きょうもん》は正為凡夫《しょういぼんぷ》を面《おもて》として愚縛底下《ぐばくていげ》の衆生《しゅじょう》を隔《へだ》(つる)事《こと》なく五逆闡提《ごぎゃくせんだい》の我等《われら》を簡《えら》(ば)ざれば　六八《ろくはち》の弘誓《ぐぜい》を仰《あお》ぎ果地《かち》の仏智《ぶっち》に帰命《きみょう》して三世《さんぜ》を南無《なむ》の当念《とうねん》に截《き》る故《ゆえ》に　浄土《じょうど》として欣《よろこ》(ぶ)べき所《ところ》もあり　煩悩《ぼんのう》として断《だん》ずべき謂《いわ》(れ)もあり　されば凡《ぼん》を捨《す》て聖《しょう》を期《ご》し心身《しんじん》の迷暗《めいあん》を領解《りょうげ》し沈淪《ちんりん》の苦器《くき》を悲《かなし》(み)て無有《むう》出離之縁《しゅつりのえん》の心《こころ》の底《そこ》をありのまゝに知《し》(つ)て機《き》の功《こう》を用《もち》(ふ)る事《こと》なく他力易往《たりきいおう》の浄刹《じょうせつ》に生《しょう》ぜむと思《おも》(ひ)て口《くち》を開《ひら》(き)て南無阿弥陀仏《なむあみだぶつ》と唱《とな》(ふる)許也《ばかりなり》　故《ゆえ》に妙宗抄《みょうしゅうしょう》(に)云《いわ》(く)　非二厭離一者捨レ此無レ期　非二欣求一者生レ彼無レ道　始自二初心一終至二等覚一　変易未レ尽厭欣難レ忘〔厭離《おんり》に非《あら》ざれば此《これ》を捨《すつ》るに期無《ごな》く欣求《ごんぐ》に非《あら》ざれば彼《か》に生《しょう》ずるに道無《みちな》し　始《はじ》め初心《しょしん》より終《お》わり等覚《とうがく》に至《いた》る　変易未《へんにゃくいま》だ尽《つ》きず厭欣忘《おんごんわす》れ難《がた》し〕

文

然《しか》(れば)則《すなわ》(ち)浄土《じょうど》を求《もと》め穢土《えど》を厭《いと》ひ凡聖《ぼんしょう》の差別《しゃべつ》を置《お》(き)て機《き》(の)方《ほう》を論《ろん》ずれば　尤《もっと》(も)隔歴《きゃくりゃく》ともいひ方便《ほうべん》ともいひつべし　但其《ただそ》(の)機《き》の所帰《しょき》をいへば通仏超越《つうぶつちょうえつ》の導師智断具足《どうしちだんぐそく》の果徳《かとく》なり　師《し》と位《くらい》こ となれば十地等覚《じっちとうがく》のうかゞふべきにあらず　三乗浅智《さんじょうせんち》のはかるべき事《こと》なければ唯仏一人究竟無生《ただほとけいちにんくきょうむしょう》といへ り　自嘱分《じしょくぶん》の妙解《みょうげ》は面々《めんめん》にゆるすべしといへども仏智果海《ぶっちかかい》の証《しょう》は遥《はるか》に隔《へだ》(た)るをや　初地《しょち》の菩薩猶《ぼさつなお》二地《にち》の菩薩《ぼさつ》の挙足下足《こそくげそく》をしらざるがごとし　而《しか》(るに)十劫正覚《じっこうしょうがく》の昔《むかし》平等《びょうどう》の慈悲《じひ》に催《もよお》されて十方衆生《じっぽうしゅじょう》を隔《へだ》(て)なく入《い》(る)るに諸仏擯棄《しょぶつひんき》の凡夫《ぼんぷ》をもて可発《かほつ》とし給《たま》(ふ)　故《ゆえ》に貪瞋具足妄愛《とんじんぐそくもうあい》の心《こころ》の底《そこ》に纔《わず》(か)に一念《いちねん》帰命《きみょう》する時身心我《ときしんじんわれ》にあらず　弥陀《みだ》と一致《いっち》に成《な》(り)ぬれば彼此三業《ひしさんごう》の謂《いわ》(れ)成《じょう》じて行住坐臥則《ぎょうじゅうざがすなわ》(ち)弥陀《みだ》の四威儀《しいぎ》なり　仏《ほとけ》と衆生《しゅじょう》と一《ひとつ》になりかへり　迷《まよい》も悟《さとり》も二《ふたつ》なきものなり　されば法照禅師《ほっしょうぜんじ》は欲㆑識㆓西方㆒求㆓浄土㆒　会是塵中不㆑染㆑塵〔西方《さいほう》を知《し》らんと欲《ほっ》し浄土《じょうど》を求《もと》むは　是塵中《これじんちゅう》に会《あ》いて塵《ちり》に染《そ》まらず〕ともいひ　念即無念《ねんそくむねん》　仏不二門《ぶつふにもん》　声即無生《しょうそくむしょう》　第一義《だいいちぎ》とも云《い》へり　此《こ》(の)上《うえ》は終日《ひねもす》に念仏《ねんぶつ》するも即《すなわ》(ち)無念《むねん》の功能《くのう》を具《ぐ》し終夜生《しゅうやしょう》を願《ねが》(ふ)も則《すなわ》(ち)無生《むしょう》の益《やく》を得《え》れば見生《けんしょう》の火自然《ひじねん》に滅《めっ》する称名《しょうみょう》の力《ちから》なれば情《じょう》をもて修入《しゅにゅう》する事今《ことい ま》の教《おし(え)》の不思議《ふしぎ》にあらずや　身《み》は芭蕉泡沫《ばしょうほうまつ》に似《に》たり命《いのち》は電光朝露《でんこうちょうろ》のごとし須臾《しゅゆ》に生滅《しょうめつ》し刹那《せつな》に離散《りさん》す　何《なん》ぞ今《いま》の一念《いちねん》より外《ほか》に命《いのち》を遠《とお》く持《も》(ち)て未来《みらい》を期《ご》すべき　唯恒願一切臨終時《ただこうがんいっさいりんしゅうじ》と心得《こころえ》て南無阿弥陀仏《なむあみだぶつ》と唱《とな》(へ)て後念《ごねん》の心《こころ》を用《もち》(ひ)ざる也《なり》　古人云《こじんのいわ》(く)寸陰可㆑惜　時不㆑待㆑人〔寸陰《すんいん》惜《お》しむべし　時人《ときひと》を待《ま》たず〕と此《こ》(の)言誠《ことまこと》(なる)哉《や》　我等《われら》が本分自己《ほんぶんじこ》の心《こころ》に如々含識《にょにょごんしき》を兼《か》(ね)て塵々法界《じんじんほうかい》を隔《へだつ》(る)事《こと》なけれども客塵煩悩《きゃくじんぼんのう》に障碍《しょうげ》せられて自他彼此《じたひし》の情量《じょうりょう》を分別《ふんべつ》す　此《こ》(の)故《ゆえ》に聖教量《しょうきょうりょう》をもて法門《ほうもん》をいふと菩提心《ぼだいしん》の上《うえ》に仏法《ぶっぽう》を談《だん》ずると心大《こころおおい》にかはれるもの也《なり》　是《これ》(を)以《もっ》(て)般舟讃《はんじゅさん》(に)云《いわ》(く)　口

説二事空一心行レ怨　是非人我如二山嶽一　如レ此之人不レ可レ近　近即輪廻長劫苦〔口《くち》に事空《じくう》を説《と》き心《こころ》怨《あだ》を行《ぎょう》ず　是非人我山岳《ぜひにんがさんがく》の如《ごと》し　此《かく》の如《ごと》きの人《ひと》には近《ちか》づくべからず　近《ちか》づかば即《すなわ》ち長劫《じょうごう》の苦《く》に輪廻《りんね》す〕といへり　名利身《みょうりみ》を養《やしな》ひ恩愛心《おんないこころ》をなやましながら清浄《しょうじょう》の法体《ほうたい》にをいて相応《そうおう》し侍《はべ》らんや　天台釈《てんだいしゃく》には此《こ》(の)法《ほう》は高妙《こうみょう》なる者《もの》には高妙《こうみょう》なれども卑劣《ひれつ》の者《もの》には卑劣《ひれつ》なるべしとみえたり　宗家《しゅうけ》は若道三此同二諸仏国一何因六道同二生死一〔若《も》し此《こ》れを諸仏《しょぶつ》の国《くに》に同《どう》ずといわば何《なに》に因《よ》ってか六道生死《ろくどうしょうじ》に同《どう》ぜんや〕と釈《しゃく》し給《たま》へり　道念《どうねん》なくしてのさとり法門仏智見《ほうもんぶっちけん》こそはづかしけれなど返答《へんとう》ありければ　理《ことわり》を得《え》けるにや浄土門《じょうどもん》に入《い》りにけるとぞ　又或僧念仏《またあるそうねんぶつ》に難《なん》を加《くわ》(へ)て我《われ》こそいき仏《ほとけ》なれ　わがごとくあれといふよし　人《ひと》の申《もう》(し)ければ

聖《ひじり》

夢《ゆめ》のうちに　ゆめこそなけれ　おどろかぬ
　こゝろはいかで　ゆめとしるべき
仏《ほとけ》ぞと　なのるのはあやし　仏《ほとけ》には
　ほとけとおもふ　こゝろあるかは
いきながら　仏《ほとけ》のみちは　なき物《もの》を
　なもあみだぶの　こゑにむまれよ

《絵》

《語句》

○円頓速疾《えんとんそくしつ》…教えが完全であり、すみやかに覚りに至れるということ　○実相開会《じっそうかいえ》…事物の真実の姿をとらえること　○寂光《じゃっこう》…常寂光土の略で、静寂な涅槃の境地から発する智恵の光　○三乗漸頓《さんじょうぜんとん》…三乗は声聞乗、縁覚乗、菩薩乗のことでさとりに至る三種の道を指す。漸頓は漸教（衆生の能力に関係なく説かれた教え）、頓教（衆生の能力に応じて説かれた深浅のある教え）のこと　○愚縛底下《ぐばくていげ》…どん底にあり、愚かで煩悩に縛られているということ　○五逆闡提《ぎゃくせんだい》…五逆は仏教における五種の重罪（父を殺す、母を殺す、阿羅漢を殺す、仏の身体を傷つけ出血させる、教団を分裂させる）。闡提は一闡提の略で、仏の教えを信じず、成仏する因縁をもたない者　○沈淪《ちんりん》…深く沈むこと　○苦器《くき》…苦しみの容器。苦しみを受ける人間の身体を表す　○妙宗抄《みょうしゅうしょう》…『観無量寿経疏妙宗鈔』のこと。宋・知礼が撰述した智顗『観経疏』の註釈書。天台浄土教の立場から『観経』を解釈している　○変易《へんにゃく》…変易生死の略。願力によって肉体や寿命を限りなく変化改易できる菩薩等の生死のこと　○彼此三業《ひしさんごう》…善導は『観経疏』定善義で「彼此三業不相捨離」と示し、阿弥陀仏と衆生の三業が相互に離れ捨てることがないと説いた。また、本願にうちまかせて称えられる念仏は自力の三業を離れるので離三業の念仏といい、その離三業は同時に阿弥陀仏の三業にほかならないことから成三業という（離成三業の念仏）　○見生《けんしょう》の火《ひ》…生を実体視する凡夫の誤った見方。無生の境界である浄土に往生すれば自然に滅するという　○般舟讃《はんじゅさん》…善導の著作で五部九巻の一つ。正式には『依観経等明般舟三昧行道往生讃』という。『観経』等に基づいて仏菩薩、浄土の讃歎を説き、般舟三昧の行法を示す　○宗家《しゅうけ》…念仏の元祖、宗祖の意。ここでは善導を指す

《現代語訳》

ある所において、聖道門の学匠が真教聖の衆生化益を非難して、「法華経における、速やかに成仏できる優れた聖道門の行は、諸法実相をとらえることができる真実の教えであり、他力本願という称名の教えは、法華経以前の方便であり仮の程度の低い教えである。どうして娑婆から離れたところに常寂光土が有るだろうか。どうして穢土を厭い、浄土往生を願おうとするのか。方便の教えと真実の教えでは比較する必要すらない」と申した。それに対して真教聖は、「釈尊一代の教えは法華経の説く三乗漸頓の衆生が利益を受けられるかどうかを論じているわけではない。ただし、衆生の機が熟していないので、仏道を修《しゅ》しがたく、さとりがたい」とおっしゃった。末法の今、浄土の教門は、まさに凡夫を対象とし、愚縛底下の衆生を分け隔てることはなく、五逆闡提の我々を選り分けることもない。衆生は、四十八の誓願を仰ぎ見て、弥陀の智慧に帰命し、当体の一念で三世を断ち切ることができる。そのため、浄土は往生を欣《ねが》うべきところでもあり、煩悩を断ち切るべきところでもある。よって、凡夫がさとりを目指すためには、心身の迷暗を領解し、沈淪の苦器であるこの身を悲しみ、出離の縁がない心の底をありのままに知る。機根の功能を用いず、他力易行の浄土に往生しようと思い、口を開き南無阿弥陀仏とただ称えるだけである。ゆえに、『観無量寿経疏妙宗鈔』には、「穢土を厭い離れなければ、この世を去るのに期待することはなく、欣い求めなければ、浄土に往生する道はない。十信から等覚に至るまでは変易が尽きず、厭離穢土欣求浄土の思いを忘れがたい」とある。すなわち、浄土を求めて、穢土を厭い、凡夫と聖者の差別を考慮せずに機根を論じるので、当然隔たりがあるとか、方便であると言えよう。ただし、阿弥陀仏についていえば、教えを超越した導師であり、智徳・断悪を具えた仏果である。仏とは位が異なるので、十地等覚位といえどもうかがうことができない。三乗浅智で推し量ることができないので、ただ仏だけが究竟無生の境地と言える。『観無量寿経』定散二門の正しい解釈はおのおのが許されるであろうが、仏智果海の証ははるかに隔たっていることよ。あたかも初地（十地の第一で歓喜地）の菩薩がいまだに二地（十地の第二で離垢地）の菩薩の挙動を知らないようなものである。ところが、法蔵菩薩は十劫の昔、諸仏が見捨ててしまうような凡夫の往生を因として、衆生への慈悲心（本願）を起こされた。こういった理由で、貪瞋を具え、妄愛の尽きない我々の心の底でわずかに一念帰命する時、身も心も自我がなくなり、阿弥陀仏と一体となるので、離成三業によって我々の行住坐臥はすなわち弥陀の四威儀となる。機法一体となり、迷いもさとりもないのである。それゆえ、法照禅師は、「西方極楽浄土を知りたいと願い、浄土を求めることは、塵の中にて塵に染まらないようなものである」ともいい、「念はすなわち無念であり、仏の教えは一つであり、声はすなわち無生である。これが第一義である」ともおっしゃった。ゆえに、日が落ちるまで念仏をすれば無念の功能が備わり、夜が明けるまで往生を願えば、無生の利益を得ることができる。そうすれば、称名念仏には、見生の火を自然と滅する力があるので、衆生が情をもって修行に入ることは、今の教えの不思議なところである。身体は芭蕉泡沫のように実体のないものであり、命は電光朝露のように儚《はかな》いものである。わずかな時間で生滅し、あっという間に離散する。どうして当体の一念以外で、長生きして来世を期待すべきであろうか。常にただ一切を臨終の時と心得て、南無阿弥陀仏と称えて臨終後に気を配らないのである。昔の人の「寸陰は惜しむべきもので、時間は人を待ってはくれない」と言った言葉は真実である。

我々の本分は自己の心に感情や意識を持つので、穢土と法界とは本来隔てていないが、身についた煩悩の障害によって、自と他、彼岸と此岸という妄想による分別ができてしまう。よって、聖典により法門を表すことと、菩提心で仏法を語ることとは心が大きく変わってくる。これによって、『般舟讃』には、「口には諸法の空を説いても、心には怨を行ずる。是と非も、人と我も、あたかも山岳のように隔たりがある。そのような人には近づくべきではない。もし近づいたならば長く輪廻の苦しみを味わうだろう」とある。自らは名利で身を養い、恩愛で心を悩ましながら、清浄の法体とどうしてつり合いがとれるというのか、いやとれない。天台智顗の解釈には、「この真理は高尚な人にとっては高尚であり、低俗な人にとっては低俗であろう」とある。しかし、善導『般舟讃』には、「もしこの穢土が諸仏の浄土と同じであるというならば、どうして六道輪廻を繰り返しているのか」と解釈されている。そのため、「求道心のないさとり、法門、仏智見こそ恥ずかしいものです」と真教聖が返答された。それにより、聖道門の学匠は、真理を得たのであろうか、浄土門に帰入したということである。また、ある僧侶が念仏の教えに難を加え、「自分が生き仏である、自分のように皆あるべきである」と申したので、お詠みになった歌、

真教聖

夢のうちに　ゆめこそなけれ　おどろかぬ
　こゝろはいかで　ゆめとしるべき

（夢の中に夢は出てこないのであるから驚くことはない。心はどのようにして夢と気づくのであろう

か）

〈人生は夢幻である。その幻にいる時には我が身の無常に気付かない。だから驚くことはないが、だからこそ、何とかして人生が夢幻のごときものだと気づかなければならないのである〉

仏ぞと　なのるのはあやし　仏には
　　ほとけとおもふ　こゝろあるかは

（自分で自分を仏と名乗ることはおかしいことである。仏は自分を仏だと思う心を持っているのであろうか、いや持っていない）

いきながら　仏のみちは　なき物を
　　なもあみだぶの　こゑにむまれよ

（生きている間に仏になれる道は末法の世にはないのであるから、南無阿弥陀仏の一声のうちに往生するよりほかはないのである）

《絵》

第二段

《原文》

同五年秋《どうごねんあき》の比或人《ころあるひと》召請《しょうしょう》し奉《たてまつ》（り）ける間《あいだ》　又越前国惣社《またえちぜんのくにそうじゃ》へ参詣《さんけい》あり　国中《こくちゅう》の帰依尊卑《きえそんぴ》首《こうべ》をかたぶけずといふ事《こと》なし　而《しか》（るに）平泉寺法師等《へいせんじほうしら》偏執《へんしゅう》して国中《こくちゅう》を追《お》（ひ）出《だ》すべしとて数百人《すうひゃくにん》の勢《せい》を引卒《いんそつ》して府中《ふちゅう》へ赴《おもむ》（く）よし粗聞《ほぼきこ》へければ　結縁衆等《けちえんしゅうら》申《もう》（して）云《いわ》（く）　左右《さゆう》なくをしよせて狼藉《ろうぜき》を致《いた》さむにをきては互《たがい》に雌雄《しゆう》を決《けっ》すべきよし　各々憤《おのおのいきどお》り侍《はべ》（り）けるを　聖《ひじり》諫《いさ》（めて）云《いわ》く　此《こ》（の）事《こと》にをいて聊《いささ》（か）なりとも喧嘩《けんか》をも引《ひ》（き）出《だ》（し）給《たま》はゞ永《なが》（く）師弟《してい》の契約《けいやく》を変《へん》ずべし　在家《ざいけ》の人《ひと》をこそ引導《いんどう》すべき身《み》なれ在家《ざいけ》にたすけらるべき謂《いわ》（れ）侍《はべ》らず　本《もと》より衆生《しゅじょう》にあたへぬる身命《しんみょう》なれば善悪《ぜんなく》につけて他《た》に任《まか》（す）る上《うえ》は今《いま》更打《さらう》（ち）殺《ころ》されじと思《おも》（ふ）べきにあらず　六道四生二十五有《ろくどうししょうにじゅうごう》に流転《るてん》する事《こと》はたゞ身命《しんみょう》を惜《おし》（み）し故《ゆえ》なり　然者煩悩具足《しかればぼんのうぐそく》の依体《えたい》をうち損《そん》ぜられば無始以来《むしよりこのかた》の敵《かたき》をとりすましたるなるべし　努努《ゆめゆめ》いきどをり給《たま》（ふ）べからず　又日来申《またひごろもう》（し）つる法門只今行《ほうもんただいまぎょう》じあらはしてみせたてまつらんなど再三諫《さいさんいさ》（め）られければ知識《ちしき》の命《めい》をそむかん事《こと》を恐《おそ》（れ）て　掌《たなごころ》をあはせて念仏《ねんぶつ》する程《ほど》に　衆徒等是非《しゅとらぜひ》をいはず社頭《しゃとう》をうちかこみて時《とき》をつくり回廊《かいろう》の中《なか》へせめ入《い》（り）て飛礫《ひれき》を打《う》（つ）事《こと》しげき雨《あめ》のごとくなりけれども　時衆一人《じしゅうひとり》にもあたらずかくて半時《はんとき》ばかりにも成《な》（り）ぬらむと思《おも》（ふ）程《ほど》に念仏《ねんぶつ》の声《こえ》も絶《た》（え）ず合掌《がっしょう》の手《て》も乱《みだ》（れ）ざりければ衆徒《しゅうと》等《ら》ちから及《およ》ばずして帰《かえ》（り）けるが　又儀《またぎ》（し）て云《いわ》（く）　所詮聖《しょせんひじり》を取《と》（つ）ていだせとて重《かさ》（ね）て打《う》（ち）入《い》

(り)つ、求《もと》(め)奉《たてまつ》(る)に　肩《かた》ををさへ膝《ひざ》をふみて過《す》(ぐ)る族《やから》もありけれども　つゐ(ママ)に見《み》つけ奉《たてまつ》(ら)ずして　空《むな》(しく)引《ひ》(き)退《しりぞ》(き)て神主《かんぬし》が許《もと》へ使者《ししゃ》を立《た》て、　此《こ》(の)聖《ひじり》宮中《きゅうちゅう》を追《お》(ひ)出《だ》(さ)せずば神宝《しんぽう》をふり罪科《ざいか》に処《しょ》すべきよしいひつかはし侍《はべ》りとて神主《かんぬし》歎《なげ》(き)申《もう》(し)ければ　さてはいとやすき事《こと》なりとて其《そ》(の)夜亥剋《よるいのこく》ばかりに社家《しゃけ》を立《た》(ち)出《い》(で)て　加州《かしゅう》へ趣《おもむ》(き)給《たま》ひにけり　不惜身命《ふしゃくしんみょう》のことはりをまのあたり行《ぎょう》じあらはされける事貴《こととうと》(く)ぞおぼえ侍《はべ》る

《絵》

《語句》

○越前国惣社《えちぜんのくにそうじゃ》…福井県越前市京町にある総社大神宮　○平泉寺《へいせんじ》…明治時代以前にあった霊応山平泉寺という天台宗の有力寺院。現在は福井県勝山市平泉寺町平泉寺に鎮座する平泉寺白山神社となっている　○府中《ふちゅう》…国府、守護所があった所。ここでは、越前府中、惣社を中心とした地域を指す　○加州《かしゅう》…加賀国（現、石川県）

《現代語訳》

同（正応）五年（一二九二）の秋頃、ある人により招待されたので、真教聖はまた越前国の惣社へ参詣された。真教聖は、その国中の帰依を受け、人びとは身分を問わず頭を下げない人はいなかった。ところが、平泉寺の僧侶たちが偏った執着をもって、越前国から真教聖一行を追い出すために数百人を連れて府中へ向かうという話を真教聖と結縁した人びとは耳にした。人びとは、「もしその者たちが押し寄せて乱暴を

行おうとした時は、互いに戦い、決着をつけるべきです」と申した。皆が憤りを覚えているのに対し、真教聖はそれを諫められて、「もしこの件について少しでも喧嘩をするようなことがあれば、その者とは永久に師弟の契りを解こう。私たちは在家の人びとを導く立場であって、在家の人びとに助けられる理由はない。もともと世の人びとのために尽くす身命であるので、善悪に関して他力にお任せしている以上、いまさら殴り殺されないようにしようと思うべきではない。六道四生二十五有に流転していることは、ただ身命を惜しんでいるからである。それは煩悩であふれた身体を打ち壊されるので遠い過去よりの敵（煩悩）を取り除くようである。決して憤ってはいけません。また、日頃私が申している教えを今から実行してみせましょう」と再三お諫めされた。知識である真教聖の命令にそむくことを恐れ多いことだと感じ、皆は合掌し念仏をした。すると、押し寄せた衆徒たちは有無を言わさず惣社を取り囲み、合図し回廊の中まで攻め込み、雨のごとく石を投げてきた。しかし、時衆のだれ一人にも当たらないまま半時（一時間）ほど経ったと思われる時、念仏の声も絶えることなく、合掌の手も乱れることがなかったので、衆徒たちは力及ばず帰って行った。ところが、平泉寺の衆徒は再び協議したのち、「真教聖を連れ出せ」と言って、また攻め込み、真教聖を捜し始め、人びとの肩を押さえ、膝を踏む者もいたが、結局見つけ出せずに引き下がった。そして、神主のもとへ平泉寺から使者が来て、真教聖を総社の宮中から追い出さなければ神宝を担ぎ出し、罪に問うと告げてきたことを神主が嘆き申した。そこで真教聖は、それはたやすいことだとその夜、亥の刻（午後十時頃）に惣社を出られて加賀国へ向かわれた。身命を惜しまない道理を目の前で時衆にお見せになったことは、大変尊く思われた。

《絵》

第三段

《原文》

永仁《えいにん》五年《ごねん》の比《ころ》　上野国《こうづけのくに》を修行《しゅぎょう》ありけるに　或所《あるところ》には武勇《ぶゆう》を業《なりわい》とするをのこ一人来《ひとりきた》(り)て時衆《じしゅう》に入《い》(る)べきよしいひければ　聖曰《ひじりいわ》(く)出家者亡レ身捨レ命断レ欲帰レ真心若二金剛一等二同円鏡一悕二求仏地一即弘二益自他一若非レ絶二離囂塵一此徳無レ由レ可レ証〔出家《しゅっけ》とは身《み》を滅《ほろ》ぼし、命《いのち》を捨《す》て、欲《よく》を断《だん》じ、真《しん》に帰《き》する心《こころ》金剛《こんごう》の如《ごと》く、円鏡《えんきょう》に等《ひと》しく同《おな》じく仏地《ぶつじ》を稀求《けぐ》し、即《すなわ》ち自他《じた》を弘益《こうえき》す。若《も》し囂塵《こうじん》を絶離《ぜつり》するに非《あら》ずば、此《こ》の徳《とく》証《しょう》すべきに由《よし》なし〕と和尚《かしょう》釈《しゃく》し給《たま》(ひ)たれば先《ま》(づ)能々道心《よくよくどうしん》おこりて後《のち》の計《はからい》なるべし　頭《あたま》をそるものは千万《せんまん》あれども心《こころ》をそるものは一両《いちりょう》も侍《はべ》らず　在家者貪二求五欲一相続是常　縦発二清心一猶如レ画レ水〔在家《ざいけ》とは五欲《ごよく》を貪《むさぼ》り求《もと》めて相続《そうぞく》する是常《これつね》なり、縦《たと》い清心《せいしん》を起《お》こすも猶水《なおみず》に画《えが》くが如《ごと》し〕と見《み》えたり　超世《ちょうせ》の悲願《ひがん》は本《もと》より有智無智《うちむち》を論《ろん》ぜず在家出家《ざいけしゅっけ》をいはず　ひとしく往生《おうじょう》すべき願《がん》なれば　必《かなら》(ず)家《いえ》を出《いで》て山林《さんりん》に跡《あと》を隠《かく》し身《み》を捨《す》て幽閑《ゆうかん》のすまひせよとはいかゞ勧《すす》(め)侍《はべ》(る)べき　たゞいづくにても念仏《ねんぶつ》だに申《もう》(し)給《たま》(は)ゞそれぞれ往生《おうじょう》の業《ごう》にて侍《はべ》るべき　中《なか》〳〵《なか》出家《しゅっけ》して戒《かい》をも持《も》ち貴《とうと》げになりぬればいかにも機《き》の徳《とく》がおもてとなる程《ほど》に　仏《ほとけ》をもたのまず　他力《たりき》にも帰《き》せずして往生《おうじょう》をとげぬ事《こと》の多《おお》く侍《はべ》(る)也《なり》凡《おおよ》（そ）法師《ほうし》も尼《あま》も此《こ》（の）身《み》のために同道《どうどう》する事侍《ことはべ》らず　念仏《ねんぶつ》を申《もう》し（て）昼夜《ちゅうや》に踊《おど》（る）も故《こ》聖《ひじり》踊躍歓喜《ゆやくかんぎ》の余《あま》（り）にをのづから行《ぎょう》じ始《はじ》（め）給《たま》（ひ）たりしかば　いまも其《そ》（の）跡《あと》をたがふべからずと思《おも》（ふ）許也《ばかりなり》行住坐臥時処諸縁《ぎょうじゅうざがじしょしょえん》をきらはねばたゞ念仏《ねんぶつ》こそ詮《せん》なれ　此《こ》（の）時衆《じしゅう》に入《い》（る）者《もの》は　今身《こんじん》より未来際《みらいさい》を尽《つく》して身命《しんみょう》を知識《ちしき》に譲《ゆず》り此《こ》（の）衆中《しゅちゅう》にて永《なが》（く）命《いのち》をほろぼすべし　若《も》（し）此《こ》（の）下《した》をも出《い》で制戒《せいかい》をも破《やぶ》らば今生《こんじょう》にては白癩黒癩《びゃくらいこくらい》と成《な》（り）て後生《ごしょう》には阿弥陀仏《あみだぶつ》の四十八願《しじゅうはちがん》にもれ　三悪道《さんなくどう》に堕《お》（ち）て永《なが》（く）うかぶべからずと誓《ちかい》を成《な》し金《かね》を打《う》（ち）て入《い》（る）といへども　適々《たまたま》無道心《むどうしん》の輩《やから》ありて制戒《せいかい》をも破《やぶ》（り）ぬれば　逆《ぎゃく》罪《ざい》の者《もの》となりて三世《さんぜ》の諸仏《しょぶつ》の舌《した》をきり二世《にせ》の願望《がんぼう》を空《むな》（しく）す　誠《まこと》に曠劫《こうごう》の流転《るてん》は　併《しかしなが》（ら）此《こ》（の）身《しん》命《みょう》を扶持《ふじ》せる故也《ゆえなり》　をのづから世《よ》をのがれ身《み》を捨《す》（つ）る者《もの》も六賊《ろくぞく》に随逐《ずいちく》して法財《ほうざい》を失《うしな》ひ五欲《ごよく》に貪著《とんちゃく》して諸悪《しょあく》をたくはふ　これは力《ちから》なき凡界《ぼんかい》のふるき習《ならい》なれば　我《われ》と制断《せいだん》する事叶《ことかな》（ひ）がたき間《あいだ》いきながら死《し》して身命《しんみょう》を知識《ちしき》にゆづり心《こころ》の所望《しょもう》をかなへずして永《なが》（く）用事《ようじ》を尽《つく》す　我《われ》を我《われ》にせざれば居《きょ》を他所《たしょ》にうつさず心《こころ》を心《こころ》と用《もち》（ゐ）ざれば　思《おも(い)》を万事《ばんじ》に叶《かな》（へ）ず　是則《これすなわ》（ち）他力《たりき》に帰《き》する至極《しごく》をあらはし三心《さんじん》を事《じ》相《そう》にふるまへる色也《いろなり》　かゝる甚深《じんじん》の謂《いわ》（れ）ある間《あいだ》おぼろげの発心《ほっしん》ならでは叶《かな》（ひ）難《がた》（き）によりて時衆《じしゅう》に入《い》（る）事《こと》をゆるし侍《はべ》らず　出家《しゅっけ》してつらなる中《なか》にも心《こころ》は道場《どうじょう》に住《じゅう》せぬ者《もの》も侍《はべ》らむ在家《ざいけ》の人《ひと》の信心《しんじん》あるこそ身《み》は聚落《じゅらく》にありといへども心《こころ》は道場《どうじょう》に住《じゅう》したる謂《いわ》（れ）にて侍《はべ》れとのたまはせければ　理《ことわり》を得《え》けるにや出家《しゅっけ》は思《おも》（ひ）留《とどま》（り）にけり　さて家《いえ》に帰《かえ》りて後《のち》は一筋《ひとすじ》に念仏《ねんぶつ》して殊勝《しゅしょう》の往生《おうじょう》を遂《と》（げ）けるとなむ

二河白道《にがびゃくどう》の心《こころ》とて

火《ひ》と水《みず》と　なみとほのほを　わけてよぶ
　ちかひの舟《ふね》ぞ　なもあみだ仏《ぶつ》
玄義《げんぎ》（の）心《こころ》
山《やま》のはに　ほのめく月《つき》を　まつ程《ほど》ぞ
　木《き》のしたやみは　さもあらばあれ
煩悩即菩提《ぼんのうそくぼだい》の心《こころ》
わきてみる　かげにぞ月《つき》は　てりくもる
　雲《くも》はくもをば　へだてざりけり

《絵》

《語句》

○上野国《こうづけのくに》…現、群馬県　○出家者亡～由レ可レ証…善導『観経疏』序分義（『浄全』第二巻・一五頁・上段）○円鏡《えんきょう》…大円境智。顕教でいう四智の一つ。如来の智慧を大円鏡にたとえたもの　○在家者貪～如レ画レ水…善導『観経疏』序分義（『浄全』第二巻・一五頁・上段）○白癩黒癩《びゃくらいこくらい》…癩病・ハンセン病のこと　○事相《じそう》…密教で、修法・灌頂《かんじょう》など実践的な面のこと

《現代語訳》

永仁五年（一二九七）頃、上野国で修行をしていると、あるところに武士が一人来て、時衆に入門したいと申したので、真教聖は答えられた。「〈出家とは、身を粉にして、命を惜しまず、欲を断ち、真に帰命する心が金剛のように固く、そして大円鏡智を同一視し、仏の位を目指し、自らと人びとに利益を与える。もし騒がしい世俗のけがれを離れないのならば、この功徳を証すいわれはない〉と善導が解釈された。そしてまず、よくよくさとりを求める心を起こしてから出家を許らうべきだ。頭を剃る者は数多くいるけれども心を剃る者はほんのわずかである。〈在家の者は五欲を常に貪り求め続ける。たとえ清らかな心を求めたとしても、それは水に字を書くようなもので、すぐに消えてしまう〉とも解釈された。法蔵菩薩の大悲の誓願は、もともと智慧の有無を論じることはなく、出家と在家を選ぶこともない。それは平等に往生できる誓願であるので、必ず出家して山林に遁世し、身を犠牲にして、人里深く静かな暮らしをすべきであると、どうして勧められようか。ただどこにいてもせめて念仏を申すのならば、それこそが往生への道に違いない。中途半端に出家して戒を保ち、尊く見えるようになり、いかにも人の気質に徳が表れてくるようになると、仏にお任せすることも、他力に帰命することもなく、往生を果たせないことが多くある。総じて、僧も尼も自分の身のために同行（遊行）することはない。念仏を申して昼夜に踊ることも故一遍聖が踊躍歓喜のあまり、自ら行い始められたことなので、今でもその先例に逸れないようにしようと思うだけである。行住坐臥や時間、場所、その他の縁を選ばないので、ただ念仏だけが大切なのである。この時衆に入門する者たちは、現世から来世にわたるまで、身命を知識にお任せし、この大勢の中で身命を全うすべきである。もしこの会下を出てからも制戒を破ることがあれば、現世においては重病となり、生まれ変わった後は阿弥陀仏の四十八願に漏れ、三悪道に堕ちて永く浮かぶことがなくてもかまわない、と誓いの鉦を打って時衆に入門する。しかし、往々にして道を求めない者は制戒を破るので、無間地獄に堕ち、逆罪の者となり、三世諸仏の証明を裏切り、現世と来世の願望をも消してしまう。過去世からの長い年月を流転することは、一方で、身命を保たせるからである。自ら世俗を捨て、身を捨てる者すら六根に従うことにより、仏の教えを失い、五欲に執着して諸々の悪事を集める。これは、法力を持たない凡夫が住む世界における過去よりの定めであるから、自分の力で断ち切ることは難しく、世俗にいる間は、生死身命を知識にゆだね、心の所望を叶えることなく、しなければならないこと（念仏）に尽くす。自分に執着しないので住居を他へ移すこともなく、心を心として捉えないので、全てのことを思い通りにすることもない。これはつまり、他力に帰命する極地を表し、三心を実践する方法である」。この深い謂われがあるので、曖昧な発心では心願を成就しがたいため、真教聖はこの武士が時衆に入門することを許されなかった。時衆として出家する者の中にも心が道場にない者もいるであろう。在家の人でも信心があれば、その身は世俗にありながらも心は道場に存在している。以上のような由縁を真教聖がおっしゃったので、真理を得たのであろうか、この武士は出家を思いとどまった。そして、家に帰った後、一心に念仏を称え優れた往生を遂げたという。

二河白道の心として、

火と水と　なみとほのほを　わけてよぶ
　　　　　　ちかひの舟ぞ　なもあみだ仏
（二河白道においては、煩悩のうち瞋恚をあらわす火と炎、貪欲をあらわす水と波を分けて呼ぶが、本質は同じものである。だから道時衆でも俗時衆でも二つの河を渡る誓いの舟こそ南無阿弥陀仏なのである）

『観経疏玄義分』の心として、
山のはに　ほのめく月を　まつ程ぞ
　　　　　　木のしたやみは　さもあらばあれ
（山の稜線にわずかに見える月を待っている時、木の下の闇など気にならないように、仏の教えに少しでも触れることができるのならば、煩悩に迷う世界のことなど気にならないであろう）

　煩悩即菩提の心
わきてみる　かげにぞ月は　てりくもる
　　　　　　雲はくもをば　へだてざりけり
（月にかかる雲の具合で月が照っている、曇っていると区別して見えるが、その原因である雲は区別して見ない。同じように菩提心〈月影〉と煩悩〈雲〉を別々のものと見ることなど意味がない）

《絵》

第四段

《原文》

同年六月《どうねんみなづき》下野国《しもつけのくに》小山新善光寺如来堂《おやましんぜんこうじにょらいどう》に暫《しばら》（く）逗留《とうりゅう》ありけるに　瑞花《ずいけ》ふり紫雲《しうん》たなびきて耳目《じもく》を驚《おどろ》（か）しければ万人奇特《ばんにんきとく》の事《こと》に申《もう》（し）あへりけるに　或僧《あるそう》のもとより書《か》（き）てをくりける　夫《そ》（れ）正《ただ》（しき）仏法《ぶっぽう》のをきて空花《くうげ》は有《う》に似《に》たれども体《たい》はなし　唯是目《ただこれめ》の病《やまい》の故《ゆえ》によしなく大虚《たいきょ》を華《はな》とみるなり　青赤目《あおあかめ》にあるときは千花乱空《せんからんくう》す　金錍膜《こんぺいまく》を去《さ》（る）時《とき》は一空寂静也《いっくうじゃくじょうなり》　並《なら》（びに）藕《ぐ》の糸《いと》と見《み》（る）事《こと》うちやる詩《し》の詞《ことば》にも遊糸繚乱碧羅天《ゆうしりょうらんへきらのてん》といふ歟《か》　恭《かたじけな》（く）一向浄心《いっこうじょうしん》の御念仏《おねんぶつ》をよそより妄見《もうけん》をもて異見異解《いげんいげ》を生《しょう》ずる歟《か》　是全《これまった》（く）偏執我々《へんしゅうわれわれ》の思《おも（い）》にあらず仏智見《ぶっちけん》の所レ推《おすところ》自他其《じたそ》（の）情《じょう》を截断《せつだん》して御行化《おんぎょうげ》を正《しょう》に帰《き》し奉《たてまつ》（ら）むとなり　必《かなら》（ず）一句《いっく》を示《しめ》（し）給《たま》（は）ば結縁《けちえん》の資糧《しりょう》にそなへむと請《こ》ふ

おほぞらに　花《はな》ちりまよひ　あそぶいと丶
　みるはみだりの　こゝろなるべし
一《ひと》すじに　のりはやめたる　こゝろごま

空《そら》にみだるゝ　いとやつながむ

花もみず　いともみだれぬ　こゝろをば
をのれなりとや　いふべかるらむ

返事《へんじ》　聖《ひじり》

おほ空《そら》は　もとより花《はな》も　いともなし
むねのはちすや　みだれちるらむ

心《こころ》ごま　のりはやめたる　一《ひと》すじや
いとゝなりても　つなぎとむべき

花《はな》も見《み》ず　いともみだれぬ　心《こころ》には
わきてをのれと　なにをかはしる

一翳眼《いちえいまなこ》にあれば千華《せんげ》乱《みだ》れ散《ち》(る)といへる目《め》の病《やまい》によりて虚空《こくう》を花《はな》とみる　誠《まこと》に体相都《たいそうすべ》て無《む》の妄見也《もうけんなり》但鷲峯演説《ただじゅうぶえんぜつ》の莚《むしろ》　鶴林泥洹《かくりんないおん》の砌《みぎり》には諸天悉《しょてんことごと》(く)花《はな》を散《ち》(ら)しき　又聖徳太子《またしょうとくたいし》勝鬘経《しょうまんきょう》を講《こう》じ給《たま》(ひ)しかば妙華一夜《みょうけいちや》の間《あいだ》にふりつもりき　此《これ》も目《め》の病《やまい》によりて空花《くうげ》をみるといふべき歟《か》　ことさら称名《しょうみょう》行者《ぎょうじゃ》の前《まえ》に紫雲瑞華《しうんずいか》を見《み》(る)事尤《こともっと》(も)故《ゆえ》あり　阿弥陀仏因位《あみだぶついんに》に願《がん》をおこし給《たま》(ひ)しとき　妙花《みょうけ》をふらし音楽《おんがく》を奏《そう》せし　是則《これすなわ》(ち)十方衆生《じっぽうしゅじょう》の往生決定《おうじょうけつじょう》する願体剋果《がんたいこくか》の瑞相也《ずいそうなり》　別願《べつがん》の正覚《しょうがく》は凡夫《ぼんぷ》の称名《しょうみょう》より成《じょう》じ衆生《しゅじょう》の往生《おうじょう》は弥陀《みだ》の正覚《しょうがく》に定《さだま》(り)畢《おわ》(んぬ)　依レ之衆生称念《これによってしゅじょうしょうねん》の今《いま》と本願成就《ほんがんじょうじゅ》の昔《むかし》と全《まった》

(く)二《ふたつ》なし　然者《しかれば》一念即十劫《いちねんそくじっこう》　十劫即一念也《じっこうそくいちねんなり》　又をのづから信心《しんじん》より感《かん》じて加様《かよう》の霊異《りょうい》をみる時娑婆《ときしゃば》の着心《ちゃくしん》をひるがへして浄土《じょうど》の勝相《しょうそう》に思《おも(い)》をかくる　若《も》(し)是仏智《これぶっち》の方便歟《ほうべんか》　凡夫《ぼんぷ》の度量《どりょう》するところにあらざるものなり

《絵》

《語句》

○金錍《こんぺい》…インドにおいて使われた眼病の治療用具。転じて密教において衆生の無知の膜をとり、仏心眼を開かせることを象徴する法具となる　○遊糸繚乱碧羅天《ゆうしりょうらんへきらのてん》…野草芳菲紅錦地　遊糸繚乱碧羅天（野草芳菲《やそうほうび》たり紅錦《こうきん》の地　遊糸《ゆうし》繚乱《りょうらん》たり碧羅《へきら》の天）　劉禹錫《りゅううしゃく》『和漢朗詠集』上巻「春春興」

《現代語訳》

同年（一二九七）六月、真教聖が下野国小山（現、栃木県小山市）新善光寺如来堂にしばらく逗留された時、瑞花が降り紫雲がたなびいたことで人びとの注目を集め驚かせた。多くの人びとが非常に珍しいことであると話し合っていたところに、ある僧侶から書状が送られてきた。「そもそも正しい仏法の理からすれば、虚空に咲く花は実存しているようだけれども実体はないものである。ただこれは目の病のせいで、虚の存在を花と見ているのである。赤や青などの色が目に見える多くの空花が眼前に乱れている。金錍により無知の膜を取り去った時、一切は空であり、寂静の境地となる。同様に、空に蓮の糸を見ることをうちやる詩の詞にも「遊糸繚乱碧羅天《ゆうしりょうらんへきらのてん》」とあるのであろうか。ありがたい一向浄心の御念仏を他の妄見をもって異なる見方や解釈をするというのか。これは全くの偏執であって我々の思慮の及ぶところではない。仏の智見の推し量る自他とはその感情を断ち切り修行と教化を正しい状態にしなければならない」とあった。一句をお示しくだされば必ず結縁のための尊い糧としましょうと願った。

おほぞらに　花ちりまよひ　あそぶいと、
　　　みるはみだりの　こゝろなるべし
（大空に花が散り、蓮の糸がまっている。そのように見えるのは心が乱れているからである）

一《ひと》すぢに　のりはやめたる　こゝろごま
　　　空にみだるゝ　いとやつながむ
（ただ、一心に仏法を修することが、奔馬のごとく煩悩に振り回される心を止め、空に乱れるように見えた蓮の糸がつながるであろう）

花もみず　いともみだれぬ　こゝろをば
　　　をのれなりとや　いふべかるらむ
（花を有と見ることもなく心の糸も乱れないというような心こそが自己の本性というべきであろう）

返事　　　　　　　　　　　　　　　　真教聖

おほ空は　もとより花も　いともなし
　　　　　むねのはちすや　みだれちるらむ

（大空にはそもそも花とか糸とかいうものは存在しない。心の中に仏のさとり（蓮）があれば、心の乱れは散ることであろう）

心ごま　のりはやめたる　一すぢや
　　　　　いと、なりても　つなぎとむべき

（奔馬のごとく煩悩に振り回される心を止めるほど、仏法に打ち込む一心さが、空に現れた蓮の糸もその糸をつなぎ止めてくれるに違いない）

花も見ず　いともみだれぬ　心には
　　　　　わきてをのれと　なにをかはしる

（空華を見ることもなく、蓮の糸の乱れも見ることのない心には、とりわけ自分というものが何であるかを知る必要があるのか、いやない）

光が一筋眼に入れば、多くの花が乱れ散るというような目の病によって虚空を花と見てしまうのである。

このありさまはすべて間違った見方である。ただし、釈尊の霊鷲山での演説やクシナガラでの入滅の時には諸天が花を散らした。また、聖徳太子が『勝鬘経』を講義された時は妙なる花が一晩中降り積もった。これもまた目の病によって空花を見たというべきであろうか。とりわけ称名念仏を行う者の前に紫雲や瑞花を見てしまうのには確かに理由がある。阿弥陀仏の因位である誓願を法蔵菩薩が起こした時、妙なる花が天より降り、音楽が奏でられた。これはすなわち、十方衆生の往生が決定するという誓願が成し遂げられる吉兆である。念仏往生願で誓われる正覚は凡夫の称名により成就し、衆生の往生は阿弥陀仏の正覚によって定まった。これによって、衆生が念仏を称える今と本願が成就した昔とは同じである。ゆえに一念がすなわち十劫であり、十劫がすなわち一念なのである。また自らの信心からこのような霊異を見る時、娑婆世界に執着する心がなくなり極楽世界の様子に思いをかける。よもやこれは仏の方便なのであろうか。凡夫には計り知れないことである。

《絵》

第五段

《原文》

或人《あるひと》恩愛《おんない》は身《み》を損《そん》するかたき　財宝《ざいほう》は心《こころ》をなやます毒《どく》としりながらいとはざるは　仏法《ぶっぽう》にあへる其《そ》

（の）かひなくおぼえ侍《はべ》（る）よし　歎《なげ》（き）申《もう》（し）ければ書《か》（き）てつかはされける

妻子財宝《さいしざいほう》は身心《しんじん》をなやますかたきぞとしりぬれば心《こころ》に厭《いと》（ひ）捨《す》（て）らるゝ上着《うえちゃく》せらるればいよ〳〵心得《こころえ》られてうとまるゝ間今生《あいだこんじょう》より思《おも》ひすてたるいはれにてこそ侍《はべ》れ　しかるに今生《こんじょう》にてはかなひがたきとはこゝろへられぬ事《こと》なり　今生《こんじょう》より外《ほか》に後生《ごしょう》なし　いまの念仏《ねんぶつ》よりほかに臨終《りんじゅう》あるべからず　この領解《りょうげ》たちぬる行者《ぎょうじゃ》は今生後生臨終平生二《こんじょうごしょうりんじゅうへいぜいふたつ》なくしてこゝろも安穏《あんのん》になり　此《こ》（の）上《うえ》に厭離穢土《おんりえど》の心《こころ》も欣求浄土《ごんぐじょうど》の心《こころ》も善心《ぜんしん》も悪心《あくしん》もひまなけれども　南無阿弥陀仏《なむあみだぶつ》と唱《とな》（へ）ていづれも用《もち》（ひ）ざれば臨終《りんじゅう》の一《いち》念《ねん》に往生《おうじょう》うたがひなきものなり

越後国《えちごのくに》木津《きづ》入道《にゅうどう》といふ人物語《ひとものがたり》の次《つい》（で）に世間《せけん》の風俗《ふうぞく》はいとはしく覚《おぼ》へ山家《さんけ》の幽居《ゆうきょ》は気味《きみ》ふかくのみ侍《はべ》る　此《こ》（の）心《こころ》は如何《いかが》侍《はべ》（る）べきと申《もう》（し）ければ書《か》（き）てあたへられける

栄花貪二名利一故（栄花名利《えいがみょうり》を貪《むさぼ》るが故《ゆえ》に）　後生必堕二悪道一（後生必《ごしょうかなら》ず悪道《あくどう》に堕《だ》す）

隠遁離二欲染一故（隠遁《いんとん》は欲染《よくぜん》を離《はな》るるが故《ゆえ》に）　当来速証二仏果一（当来速《とうらいすみ》やかに仏果《ぶつか》を証《しょう》す）

《絵》

《語句》

○風俗《ふうぞく》…風習。ならわし。営み　○山家《さんけ》の幽居《ゆうきょ》…山中に隠棲する住居

《現代語訳》

ある人が恩愛は身に害を与える敵であり、財宝は心を悩ませる毒であると知りながら、出家しないことは、仏法に出会った甲斐がないと思われる、という事情を真教聖に申し上げたところ、書状を遣わされた。

妻子や財宝が心身を悩ませる原因であると知っていれば、心の中でそれらを厭い捨てた上でこの世に身を置きながら、いっそう心得を持つことができ、疎んでいるうちは現世にいながら思いを捨てるという由縁がある。そうであるのに、現世では執着を離れられないとは理解できないことである。現世以外に来世はない。今の念仏以外に臨終はない。この領解できる行者は現世と来世、平生と臨終を二つと捉えることはなく心も安穏である。そこには厭離穢土の心も欣求浄土の心もなく善心も悪心も隔てがなく、南無阿弥陀仏と称えてどちらかを用いることはないので、臨終の一念に往生を疑うことがない。

越後国（現、新潟県）の木津入道という人が「物語を機会に世間の営みが厭わしく思い、山奥の幽居で過ごすことが特に趣深く思われる。この心はどのようなものでしょうか」と真教聖に書状をしたためてお与えになった。

栄花貪二名利一故〔栄花《えいが》名利《みょうり》を貪《むさぼ》るが故《ゆえ》に〕　後生必堕二悪道一〔後生《ごしょう》必《かなら》ず悪道《あくどう》に堕《だ》す〕

隠遁離二欲染一故〔隠遁《いんとん》は欲染《よくぜん》を離《はな》るるが故《ゆえ》に〕　当来速証二仏果一〔当来《とうらい》速《すみ》やかに仏果《ぶっか》を証《しょう》す〕

（栄華や名声を貪れば、来世は必ず悪道に堕ちる。隠遁し欲から離れれば、速やかに仏果を証する）

《絵》

一遍上人縁起絵第七

第一段

《原文》

同六年《どうろくねん》武州《ぶしゅう》村岡《むらおか》にて所労《しょろう》つきて臨終《りんじゅう》したまふべかりける時《とき》　時衆《じしゅう》のために書《か》(き)給《たま》(ふ)教誡《きょうかい》(に)云《いわ》(く)

他阿弥陀仏同行用心大綱

厭捨草庵　不惜露命　守出家心
不帰在家　不軽神明　帰敬三宝
恒堕地獄　誓永不破　信人為伴
傍人不背　道理任他　僻事領納
軽命如塵　不延臨終　称名憑生
心有深信　身礼敬仏　口常念仏

付出家機念仏行者本

願唯

南無阿弥陀仏

〔草庵《そうあん》を厭捨《おんしゃ》し、露命《ろめい》を惜《お》しまず。出家《しゅっけ》の心《こころ》を守《まも》り、在家《ざいけ》へ帰《かえ》らず。神明《じんみょう》を軽《かろ》んぜず、三宝《さんぼう》に帰敬《ききょう》す。恒《つね》に地獄《じごく》に堕《お》ちて、誓《ちか》って永《なが》く破《やぶ》らず。信人伴《しんじんとも》と為《な》し、謗人背《ほうじんそむ》かず。道理《どうり》を他《た》に任《まか》せ、僻事《ひがごと》を領納《りょうのう》す。命《いのち》を軽《かろ》んずること塵《ちり》の如《ごと》く、臨終《りんじゅう》を延《の》べず。称名《しょうみょう》を生《しょう》と憑《たの》み、心深信《こころじんしん》有《あ》り。身《み》に仏《ほとけ》を敬礼《きょうらい》し、口《くち》常《つね》に念仏《ねんぶつ》す。出家《しゅっけ》の機《き》に付《つ》き念仏《ねんぶつ》の行者《ぎょうじゃ》の本願《ほんがん》は唯南無阿弥陀仏《ただなむあみだぶつ》なり〕

或人三業《あるひとさんごう》の外《ほか》の念仏《ねんぶつ》とてこゝろを離《はな》れよと教化《きょうげ》したまふ心得《こころえ》られず

松島見仏上人《まつしまけんぶつしょうにん》の歌《うた》にも

心《こころ》より　ほかにはのりの　ふねもなし
しらねばしづみ　しればうかびぬ

とこそ侍《はべ》れと申《もう》(し)ければ

聖《ひじり》

こゝろより　外《ほか》にぞのりの　ふねはある
しらぬもしづむ　しるもうかばず

《絵》

《語句》
○厭捨《おんしゃ》…嫌い捨てること　○帰敬《ききょう》…尊敬すること　○謗人《ほうじん》…人を非難する人、不平をいう人　○僻事《ひがごと》…道理に合わないこと、事実に合わないこと　○領納《りょうのう》…了解し受け入れること　○身礼敬仏《しんらいきょうぶつ》…身敬礼仏（身に仏を敬礼し）○見仏上人《けんぶつしょうにん》…鎌倉初期の僧。奥州松島の雄島に住み、法華経の教義を人びとに授け、法華浄土への往生を説く。「月まつしまの聖」「空の聖」の別称がある

《現代語訳》
同（永仁）六年（一二九六）、武州村岡（現、埼玉県熊谷市村岡）にて、真教聖が病のために臨終されるのではないかと思われた時、時衆のために教誡をお書きになられた。

他阿弥陀仏同行用心大綱〔他阿弥陀仏と同行する時衆の心得〕

草庵に定住するのを厭い捨てて、儚い命だからと言って惜しんではならない。出家の心を守り、在家に帰ってはならない。神々を軽んじず、三宝に帰依せよ。つねに地獄へ行く身であることを忘れず、入門の誓いを命尽きるまで破らないこと。同志と同行同伴として、自分と異なる意見も排除しないこと。道理を他人に任せ、僻事であっても受け入れること。命は塵のように軽く、臨終を先延ばしできない。称名によって往生を遂げ、心に深信をいだかねばならない。身に仏を敬礼し、口には常に念仏を怠らないように。

特に、得難きみ教えを汝ら出家の弟子に付属する。念仏行者よ、弥陀の本願は、ただ南無阿弥陀仏だけである。

ある人に対して、念仏は三業の外にあるのだから、心を離れよと教化なされたが、心得られなかった。見仏上人の歌にも、

心より　ほかにはのりの　ふねもなし
　　しらねばしづみ　しればうかびぬ

（心よりほかに仏法の舟もない。知らなければ沈み、知れば浮かぶものである）

とあると申されたので、

真教聖

こゝろより　外にぞのりの　ふねはある
　　しらぬもしづむ　しるもうかばず

（心よりほかに仏法の舟はある。知らなければ沈み、知っていても浮かばない）

《絵》

第二段

《原文》

越中国《えっちゅうのくに》放生津《ほうじょうづ》にて南條《なんじょう》九郎《くろう》といひける人《ひと》もうで丶申《もう》(し)て云《いわ》(く)御房《ごぼう》の念仏勧《ねんぶつすす》(め)てあまねく往生《おうじょう》とげしめ給《たま》(ふ)と申《もう》(す)は我等《われら》がやうなる罪人《ざいにん》をも仏《ほとけ》になし給《たま》(ふ)べきかと申《もう》(し)ければ　人《ひと》に依《よ》(る)べきにあらず本願《ほんがん》に帰《き》して念仏申《ねんぶつもう》(し)給《たま》はゞ　疑《うたがい》やはあるべきとのたまひければいさとよ　貴《とうと》き人《ひと》の仰《おお》(せ)られしはまさしく仏《ほとけ》に成《な》(る)事《こと》はおぼろげにては叶《かな》(ひ)難《がた》きよしの給《たま》(ひ)き　いかゞあらむずらむと申《もう》(し)けるを　誠《まこと》(に)末世《まっせ》の根機造悪《こんきぞうあく》の凡夫出離《ぼんぷしゅつり》にをきてはたゞ弥陀一仏《みだいちぶつ》の大悲本願《だいひほんがん》に乗《じょう》ぜずよりほかは大方《おおかた》かなふべからず　依レ之《これにより》阿弥陀仏法蔵菩薩《あみだぶつほうぞうぼさつ》たりし時《とき》　誓《ちか》(ひて)曰《いわ》(く)若《も》(し)我成仏《われじょうぶつ》せんに十方衆生《じっぽうしゅじょう》　わが名号《みょうごう》を称《しょう》して下十声《しもじっしょう》に至《いた》らんに若《も》(し)生《しょう》(ぜ)ずといはゞ正覚《しょうがく》をとらじと彼《か》(の)仏今現《ほとけいまげん》に成仏《じょうぶつ》し給《たま》へり　可レ知本誓重願《しるべしほんぜいじゅうがん》むなしからず　名号《みょうごう》を称《しょう》せむもの必《かなら》(ず)往生《おうじょう》すべしといふ事《こと》をたれも煩悩《ぼんのう》のこきうすきをいはず罪障《ざいしょう》の軽《かる》き重《おも》(き)を論《ろん》ぜず　たゞ口《くち》に南無阿弥陀仏《なむあみだぶつ》と唱《とな》ふれば声即往生也《こえそくおうじょうなり》　中《なか》〱《なか》才学立《さいかくた》(つ)る人《ひと》は教訓《きょうくん》に拘《かかわ》らぬかたもあり　各々《おのおの》のやうなる重代《じゅうだい》の武士《ぶし》の命《いのち》をかろく持《も》(ち)給《たま》へるが　往生《おうじょう》はやすくとげ給《たま》(ふ)べき也《なり》としめされければさては往生《おうじょう》のいはれは心得侍《こころえはべ》(り)ぬ　いかなる妄念《もうねん》の上《うえ》にも名号《みょうごう》を唱《とな》(へ)て往生《おうじょう》をば仏《ほとけ》にまかせたてまつるべきかと答《こた》(へ)ければ　善悪《ぜんなく》につけてこゝろをもちゐざるを他力《たりき》の念仏《ねんぶつ》とは申《もう》(す)なりといはれければ　この人二《ひとふた》

心《ごころ》なき念仏者《ねんぶつしゃ》になりけるとかや

あるときよみ給《たま》(ひ)ける
をぐるまの　わづかに人《ひと》と　めぐりきて
こゝろをやれば　三《み》(つ)のふるみち
いくせにも　ながれてきゆる　山《やま》かはの
あはれはかなき　おいのなみかな
身《み》をおもふ　人《ひと》のこゝろの　やみぢこそ
くらきより猶《なお》　くらきには入《い》れ

《絵》

《語句》
○越中国放生津《えっちゅうのくにほうじょうづ》…現、富山県射水《いみず》市放生津町　○根機《こんき》…仏教の教えを聞いて修行しうる能力　○造悪《ぞうあく》…悪事を行うこと　○重代《じゅうだい》…先祖から代々伝わること　○をぐるま…小車。牛車のこと

《現代語訳》
越中国放生津にて南条九郎という人は、「真教聖が念仏を勧めて多くの人の往生を遂げさせてくださるということは、私たちのような罪人でも仏になることができるのでしょうか」と申し上げた。真教聖は、

「人に依るべきではなく、本願に帰依して念仏を申されるならば、どうして疑いがあろうか」とおっしゃった。南条は、「さぁ、どうでしょうか。貴き人がおっしゃったのは、まさしく仏になることは並大抵では叶いにくいということでした。どのようにしたら仏になれるでしょうか」と申し上げたのを、真教聖は、「ほんとうに末世の根機造悪の凡夫の出離においては、ただ、阿弥陀一仏の大悲本願に乗ずるほかには、全く叶うことはできません。このことは、阿弥陀仏が法蔵菩薩であった時に誓っておっしゃるには、『もし私がさとりを開くとき、十方衆生が私の名を少なくとも十声に至るまで称えても、往生ができないのであれば、私はさとりを開きません』と言われましたが、法蔵菩薩は現に阿弥陀仏となっておられます。本誓の重願はむなしいことではないと知るべきです。名号を称える者は必ず往生できるということを、誰も煩悩の濃い薄いを言わず、罪障の軽い重いを論ぜず、ただ口に南無阿弥陀仏と称えれば、その声すなわち往生です。なまじ学のある人は教訓にこだわらない人もいます。各々重代の武士は命をかるく扱われるが、往生は容易に遂げられるべきです」と示された。南条は、「往生の理由は分かりました。いかなる妄念の上にも名号を称えて往生を仏に任せるべきでしょうか」と尋ねた。真教聖は、「善悪の心を用いないことを他力の念仏と申します」と言われたので、この南条は二心ない念仏者と成ったという。

ある時に詠まれた。

をぐるまの　わづかに人と　めぐりきて
　こゝろをやれば　三(つ)のふるみち

（牛車がわずかな数の供回りを連れてあちこちと行くように私も時衆を連れてあちこち遊行してきた。牛車の車輪が回るように心もまた煩悩によって三界を流転してきたが、そんな心を離れてみると流浪してきた三界がまるで古い道に見えるようだ）

いくせにも　ながれてきゆる　山かはの
　　あはれはかなき　おいのなみかな

（山河の流れは幾瀬にも来ては消えるが、それはまるで人生のいろいろな場面が思い浮かんでは消えるさまに似ていて、ああ儚い老いの姿のようだ）

身をおもふ　人のこゝろの　やみぢこそ
　　くらきより猶　くらきには入れ

（自らの身を振り返ってみると、人の心には深い闇の中にあることに気付く。しかもその心の闇に気付けば気付くほど、より一層の心の闇に入りこんでしまうものだ）

《絵》

第三段

《原文》

越後国池《えちごのくにいけ》のなにがしとかやいふ人《ひと》　年来密教《ねんらいみっきょう》に心《こころ》をかけ舎利《しゃり》に信《しん》を発《おこ》(し)てすぐしけるが　宿習《しゅくじゅう》(の)内《うち》に薫《くん》じ往縁外《おうえんほか》に熟《じゅく》しけるにや　聖《ひじり》に対面《たいめん》して今度《このたび》の出離《しゅつり》にをきては他力本願《たりきほんがん》に乗《じょう》ぜずよりほかは叶《かな》(ひ)がたきことはりに思《おも》(ひ)成《な》(り)て　真《しん》の智識《ちしき》に逢《あ》(ひ)たてまつりぬる事《こと》を悦《よろこ》(び)侍《はべ》(り)けるが　聖《ひじり》より十念《じゅうねん》を勧《すす》(め)られ　奉《たてまつ》るよし夢想《むそう》に見《み》て後《のち》　念仏往生《ねんぶつおうじょう》の安心《あんじん》に本付《もとづ》(き)て弥々信心《いよいよしんじん》を至《いた》しけるに風《かざ》気相侵《けあいおか》(し)て旦暮《たんぼ》期しがたし　福禄年積《ふくろくとしつも》(り)て雪《ゆき》のはだへ漸《ようや》(く)衰《おとろ》へ心神例《しんじんれい》に背《そむ》(き)て露《つゆ》の命消《いのちき》(え)なむとす　生前《せいぜん》の対面《たいめん》は夢後《ゆめのち》の利益《りやく》に覚《おぼ》(え)て聖《ひじり》のおはする所《ところ》へまうで丶見参《げんざん》に入《い》(れ)て帰《かえ》(り)ける後《のち》所労《しょろう》ことさら増気《ぞうき》す　聊《いささ》(か)まどろみたりけるに　聖《ひじり》の弟子《でし》たちあまた来《きた》(り)て十念勧《じゅうねんすす》(め)て看病《かんびょう》すと覚《おぼ》(え)ければ　汗流《あせなが》(れ)出《い》で丶病悩悉《びょうのうことごと》(く)平癒《へいゆ》してけり　いと不思議《ふしぎ》なりける事《こと》にや　此《こ》(の)人《ひと》つゐ《(ママ)》に臨終《りんじゅう》しけるにめでたく往生《おうじょう》をとげけるとなむ

《絵》

《語句》

○越後国池《えちごのくにいけ》…現、新潟県上越市池　○年来《ねんらい》…長年　○宿習《しゅくじゅう》…過去世からの習慣、煩悩　○風気《かざけ》…風邪　○旦暮《たんぼ》…短い時間　○心神《しんじん》…心、精神　○まどろみ…うたた寝　○病悩《びょうのう》…病になって苦しむこと、その悩み

《現代語訳》

越後国池の某という人は、長年密教や仏舎利を信仰して過ごしてきたが、宿習の内に薫じ、往生の縁が外に熟してきたのであろうか。夢の中で、真教聖に対面して、このたびの出離においては他力本願に乗ずるよりほかに叶うことは難しいということを思いいたった。そこで、真の知識にお逢いしたことを喜び、真教聖より十念を勧められた。その夢を見た後、念仏往生の安心に基づいていよいよ信心を起こしたところ、重い風邪に侵されて余命はわずかな時間しか期待できなかった。そして、長寿で富もあり若々しい肌もしだいに衰え、気力も減じて、露のような命は消えようとしていた。真教聖と生前の対面は夢の後に利益を感じて聖のいらっしゃる所へ詣で、お目にかかった後、病がさらに進んだ。ほんの少しうたた寝したところ、真教聖の弟子たちが多く来て、十念を勧めて看病されるのを感じたので、汗が流れ出て病の苦しみがことごとく治った。なんと不思議なことであろうか。この人はついに臨終し、めでたく往生をとげたという。

《絵》

第四段

《原文》

同国《どうこく》鵜河庄《うかわのしょう》萩崎《はぎざき》極楽寺《ごくらくじ》に僧《そう》あり　契範円観房《けいはんえんかんぼう》とぞいひける　住山《じゅうざん》の昔《むかし》より隠居《いんきょ》の今《いま》に至《いた》(る)まで修《しゅう》学年《がくとし》をかさね練行《れんぎょう》日《ひ》積《つも》れり　九枝《きゅうし》灯《ともしび》尽《つ》(き)ぬれば窓《まど》の蛍《ほたる》をあつめて学《まな(び)》をたしなみ　八旬《はちじゅん》齢《よわい》闌《た》(け)たれば眉《まゆ》に霜《しも》をたれて観《かん》をこらす　而《しか》(るに)聖《ひじり》柏崎《かしわざき》に逗留《とうりゅう》のよし伝《つた》(へ)聞《き》(き)て帰依《きえ》の志《こころざし》ありける間《あいだ》　已《すで》に道場《どうじょう》へ参詣《さんけい》すべきよし申《もう》(す)を　数輩《すうはい》の門弟等《もんていら》諌《いさ》(めて)云《いわ》(く)　貴辺《きへん》はさすが国中《こくちゅう》の碩学《せきがく》無《む》双《そう》の能化《のうけ》にておはしますに　かゝる捨聖《すてひじり》の許《もと》へ来臨《らいりん》して法談《ほうだん》などあらば人《ひと》もあさ〳〵しくやおもひ侍《はべ》(ら)むといひけるを　この聖《ひじり》は数百人《すうひゃくにん》の徒衆《としゅ》をひきゐて利益《りやく》あまねき人にておはしませば　さだめて行徳《ぎょうとく》もおはすらむ　予《われ》相伝《そうでん》の深義《じんぎ》己証《こしょう》の法門《ほうもん》くはしくたづね申《もう》さむに答違《こたえちが》へ給《たま》はずば　速《すみ(やか)》に知識《ちしき》と憑《たの》(み)たてまつるべし　若《も》(し)御房《ごぼう》たち所存《しょぞん》に違《い》して思《おも》(ひ)給《たま》はゞ永《なが》(く)師弟《してい》の礼《れい》あるべからずといひける間《あいだ》弟子等《でしら》ちから及《およ》ばず相伴《あいともな》(ひ)て道場《どうじょう》にいたりにけり　さて聖《ひじり》に見参《げんざん》して法門《ほうもん》尋《たず》(ね)たてまつりけるに自宗《じしゅう》の奥義《おうぎ》を極《きわ》め観道《かんどう》の得解《とくげ》をあきらむるのみにあらず　他力本願《たりきほんがん》の安心《あんじん》に本付《もとづ》(き)てなのめならず恭敬《くぎょう》しける間《あいだ》　弟子共《でしども》の中《なか》にもあまた時衆《じしゅう》に入《い》(り)けるとかや　此《こ》(の)人《ひと》幾程《いくほど》なくて終《おわ》(り)けるに殊勝《しゅしょう》の往生《おうじょう》をとげけるとなむ

《絵》

《語句》

○同国鵜河庄《どうこくうかわのしょう》 萩崎極楽寺《はぎざきごくらくじ》…新潟県柏崎市に鵜川という河川があり、川沿いに極楽寺という寺院がある　○練行《れんぎょう》…修行を練りあげること、熱心に仏道修行に励むこと　○九枝《きゅうし》…九枝灯のこと。乞巧奠《きこうでん》（七夕）の際にまつられる九つに枝分かれした燭台　○八旬《はちじゅん》…八十歳　○闌《た》(け)たれば…盛りを少し過ぎて衰えたら　○碩学《せきがく》…学問が広く深いこと　○無双《むそう》…並ぶものがないほど優れている　○能化《のうけ》…教化する者、高僧　○あさ〳〵し…あさはかであること　○深義《じんぎ》…深い物事　○己証《こしょう》…仏教の宗祖がその宗義について独自にさとったこと　○なのめならず…並みひとどおりではない、格別だ　○恭敬《くぎょう》…つつしみ敬うこと　○観道《かんどう》…真理を観ずる道

《現代語訳》

同国鵜河《うかわ》庄萩崎（現、新潟県柏崎市）極楽寺に契範円観房という僧がいた。修行してきた昔から、隠居の今に至るまで学問を修めて歳を重ね、熱心に仏道修行に励む日を積んできた。九枝灯の火が尽きれば、窓の蛍を集めて学問をたしなみ、八十歳を過ぎれば、眉も白くなるほどに止観に励まれた。

さて、真教聖が柏崎に逗留することを伝え聞いて、帰依の志があるので、まさに道場へ参詣するべきであると申すのを多くの門弟たちが諫めて、「あなたは国中で碩学無双の高僧でいらっしゃるのに、あのような捨聖のところへお訪ねになって、法談などすれば、他の人からあさはかであると思われます」と言った。すると、円観房は、「この聖は数百人の徒衆を率いて利益を多く人に与えている方なので、きっと行徳もあるのでしょう。私が相伝する深義己証の法門を詳しく尋ね申し上げて、答えが違わなければ速やかに知識と頼み上げるべきです。もしあなた方の考えと違うと思われるのであれば永く師弟の礼をとるべき

ではありません」と言われた。そこで、弟子たちは諫める力も及ばず皆共どもに道場にやってきた。さて、真教聖にお目通りして法門を尋ね申し上げると、自らの教えの奥義を究め、観道の得解をあきらかにするだけではなく、他力本願の安心に基づき恭敬する心を持っておられたので、弟子たちの多くが時衆に入門したとのことである。そして、この人は幾ほどもなく亡くなり、優れた往生を遂げたということである。

《絵》

第五段

《原文》

さて越後国府《えちごこくふ》より関《せき》(の)山熊坂《やまくまさか》にかゝりて信州《しんしゅう》へ趣《おもむ》(き)給《たま》(ふ)山路《やまじ》に日暮《ひぐ》(れ)ぬれば払レ苔《こけをはら(い)》て露《つゆ》に臥《ふ》す　交レ語《ことばをかわす》ものは樵歌牧笛《しょうかぼくてき》の声《こえ》　澗戸《かんこ》に天明《そらあ》(け)ぬれば分レ梢《こずえをわけ》て雲《くも》を踏《ふ》む　遮レ眼《めをさえぎる》ものは竹煙松霧《ちくえんしょうむ》の色《いろ》　凡《およ》(そ)視聴《しちょう》にふるゝ所《ところ》　厭離《おんり》の思《おも(い)》を勧《すす》め　欣求《ごんぐ》の心《こころ》を催《もよお》さずといふ事《こと》なし　かくて善光寺《ぜんこうじ》に詣《もう》(で)給《たま》(ひ)たれば式日《しきにち》の外《ほか》はまれにも勤《つと》(め)られざる舎利会臨時《しゃりえりんじ》に被レ行《おこなわれ》て御戸《みと》ひらかれたり　是併《これしかしなが》(ら)如来《にょらい》の慈悲方便《じひほうべん》にてこそましますらめとて　寺家《じけ》より日中《にっちゅう》の行法《ぎょうほう》は礼堂《らいどう》にてあるべきよし被申請《もうしうけられ》ければ　如来前《にょらいまえ》にして勤《つと》(め)給《たま》へり　昔《むかし》よりいまだかゝる例《ためし》なしとて参人首《さんにんこうべ》をぞ傾《かたぶ》(け)ける　この如《にょ》来《らい》は天竺《てんじく》の霊仏《れいぶつ》として日域《にちいき》の本尊《ほんぞん》と成《な》(り)給《たま》へり　酬因《しゅいん》の来迎《らいこう》を示して影向《ようこう》を東土《とうど》の境《さかい》にたれ　有縁《うえん》の

帰依《きえ》を顕《あら》(は)して霊場《れいじょう》を信州《しんしゅう》の中《なか》にしめ給《たま》ふ　一光三尊《いっこうさんぞん》の形像如来《ぎょうぞうにょらい》の密意《みつい》を表《あらわ》し決定往生《けつじょうおうじょう》の勝地《しょうち》他《た》方《ほう》の浄刹《じょうせつ》に超《こ》(え)たり　今宿縁浅《いましゅくえんあさ》からざるによりて奉レ逢事《あいたてまつること》を得《え》たりとて七日参籠《しちにちさんろう》ありけるに日中《にっちゅう》の念仏《ねんぶつ》は毎日《まいにち》に御前《おんまえ》の舞台《ぶたい》にして被レ勤《つとめられ》けり　彼《か》(の)聖徳太子《しょうとくたいし》用明天皇《ようめいてんのう》の御為《おんため》に七日《しちにち》の御念仏《おねんぶつ》あるよし如来《にょらい》へ啓《けい》(し)給《たま》(ひ)ける　其《そ》(の)詞《ことば》(に)曰《いわ》(く)

七日称揚功徳已　斯此為報広大恩
仰願本師弥陀尊　助我済度常護念

如来御返報(に)云(く)

一日称揚猶無止　何況(ママ)七日大功徳
我待衆生心無隙　汝能済度豈不護

とぞあそばされたりける　今七日の参籠《さんろう》も思《おも》(ひ)あはせられていとあはれに覚《おぼ》(え)侍《はべ》り

《絵》

《語句》

○越後国府《えちごこくふ》…現、新潟県上越市　○関山《せきやま》…現、新潟県妙高市にあり　○熊坂《くまさか》…現、長野県上水内郡《かみみのちぐん》にあり　○信《しん》州《しゅう》…信濃国。現、長野県　○樵歌牧笛《しょうかぼくてき》〜竹煙松霧《ちくえんしょうむ》の色《いろ》…『和漢朗詠集《しゅう》』下巻　山家　五五九番　○厭離《おんり》…汚れた現世を嫌い離れること　○欣求《ごんぐ》…喜んで仏の道を願い求めること　○寺家《じけ》…寺の僧侶　○礼堂《らいどう》…礼拝堂　○天竺《てんじく》…インド　○酬因《しゅいん》…良い行為の因　○影向《ようごう》…神仏の来臨　○東土《とうど》…日本　○有縁《うえん》…仏縁　○一光三尊《いっこうさんぞん》…善光寺本尊、阿弥陀如来像　○密意《みつい》…仏語、隠された本意　○勝地《しょうち》…優れた地　○浄刹《じょうせつ》…浄土　○宿縁《しゅくえん》…前世の因縁　○称《しょう》揚《よう》…褒め称えること、称賛。ここでは、「念仏」として訳す

《現代語訳》

さて越後国府より関山、熊坂にさしかかって信州へ向かわれた。山越えの道で日が暮れてしまったので、地面の苔をはらって横になった。聞こえるのは樵歌牧笛の音だけであった。谷間に夜が明けたので梢を分けて雲に向かって踏み出す。目を遮るものは、竹煙松霧の色であった。おおよそ、視聴するのに触れるところは、厭離の思いを勧め、欣求の心を興さないことはない。このようにして善光寺へ参詣された折、行事の日以外は勤められない舎利会が臨時に行われ、御本尊阿弥陀如来が御開帳されていた。「これはことごとく、如来の慈悲方便であられるだろうと、寺の僧侶より日中の行法は礼堂にて勤めるべきです」と申されたので、如来の前で勤められた。昔から未だ、このような例はないとして、多くの人びとは首《こうべ》を垂れた。この如来は天竺の霊仏として日本の御本尊となられた。酬因《しゅいん》の来迎を示めされ、日本の地に来臨し、有縁の帰依を顕して霊場を信州のこの地に定められた。一光三尊の形像《ぎょうぞう》は如来の密意を表し、この地は決定往生の勝地であり、他方の浄刹より優れている。今、宿縁が浅くないので、お会いすることができたと思い、七日間参籠し、日中の念仏を毎日、御本尊前の舞台にて勤められた。

かの聖徳太子は父である用明天皇のために七日の御念仏をする理由を、如来に申し上げた。その詞には、

〔七日《しちにち》の称揚《しょうよう》の功徳《くどく》已《おわん》ぬ。斯《こ》れは此《こ》れ広大《こうだい》の恩《おん》を報《ほう》ぜんが為《ため》なり。
仰《あお》ぎ願《ねが》わくは、本師《ほんし》弥陀尊《みだそん》。我《わ》が済度《さいど》を助《たす》けて常《つね》に護念《ごねん》したまえ〕

（七日間の念仏の功徳を勧めた。これはこの広大な恩に報いる為である。
仰ぎ願わくは本師阿弥陀如来、私の済度を助けて常に護りたまえ）

〔如来《にょらい》の御返報《ごへんぽう》に云《のたまわ》く
一日《いちにち》の称揚《しょうよう》は猶止《なおや》むこと無《な》し。何《いか》に況《いわ》んや七日《しちにち》の大功徳《だいくどく》をや。
我衆生《われしゅじょう》を待《ま》つ心《こころ》に隙無《ひまな》し。汝《なんじ》、能《よ》く済度《さいど》せんに豈《あ》に護《まも》らざらんや〕

（如来が返報しておっしゃられるには、
一日の念仏の功徳はとどまることはない。ましてや七日間の念仏という大功徳ならばなおさらだ。
私が衆生を待つ心に隙はない。あなたの済度をどうして私が護らないことがあろうか）

とおっしゃった。真教聖は、今、七日間の参籠を思い起こし、とても感動的であった。

《絵》

第六段

《原文》

甲斐国一條《かいのくにいちじょう》のなにがしとかやいふ人尋《ひとたず》（ね）申《もう》（して）云《いわ》（く）　本二百数珠《もとにひゃくじゅず》にて侍《はべ》（り）し時《とき》は時剋《じこく》は短《みじか》く数《かず》は多《おお》く此《こ》（の）百八《ひゃくはち》にては時剋《じこく》は久《ひさ》（し）くかずは少《すく(な)》（く）侍《はべ》り　本《もと》の数遍《すうへん》のごとく侍《はべ》（る）べきか数《かず》は少《すく(な)》（く）とも時分《じぶん》の久《ひさ》（し）きに付《つ》（き）侍《はべ》（る）べきかと申《もう》（し）たりけるに

数遍《すうへん》は数遍《すうへん》のためにあらず相続《そうぞく》のため　相続《そうぞく》は相続《そうぞく》のために非《あら》ず臨終一念《りんじゅういちねん》のため　臨終一念《りんじゅういちねん》は臨《りん》終一念《じゅういちねん》のためにあらず　往生《おうじょう》のため　臨終一念《りんじゅういちねん》の往生《おうじょう》は南無阿弥陀仏《なむあみだぶつ》

同国中河《どうこくなかがわ》といふ所《ところ》にて或人聖《あるひとひじり》にそひ奉《たてまつ》（る）程《ほど》は　念仏《ねんぶつ》の安心《あんじん》も心得侍《こころえはべ》（る）やうなれども立《た》（ち）離《はな》れたてまつれば法門《ほうもん》のことはりも念仏《ねんぶつ》の用心《ようじん》もうちわすれ侍《はべ》れば聊《いささ》（か）注《ちゅう》（し）給《たま》（はら）むと申《もう》（し）けるに

往生極楽《おうじょうごくらく》の直道《じきどう》は弘願称名《ぐがんしょうみょう》の一行也《いちぎょうなり》　而《しか》（るを）水上《すいじょう》の泡草《あわくさ》の葉《は》の露《つゆ》よりもあだにはかなき身《み》のために　消《き》（え）やすくかりそめなる命《いのち》をながく思《おも》（ひ）成《な》して妻子財宝《さいしざいほう》の愛念妄執《あいねんもうしゅう》に深《ふか》（く）貪着《とんじゃく》し永《なが》（く）餓鬼鬼畜《がききちく》のすがたとなりて苦《く》をうへ《（ママ）》　此《こ》（の）心《こころ》のためにたくはふる所《ところ》の所領財色《しょりょうざいしき》によりて

煩《わずら》(ひ)出《い》(で)来《く》れば心《こころ》に背《そむ》く時《とき》は是非《ぜひ》なく怨敵《おんてき》の　憤《いきどお(り)》をむすび放逸邪見《ほういつじゃけん》の業行《ごうぎょう》を造《つく》(り)て多生《たしょう》曠劫八寒八熱《こうごうはっかんはちねつ》の炎《ほのお》に咽《むせ》び氷《こおり》にとぢられて永《なが》(く)浮《うか》(び)がたし　まれに供仏施僧《くぶつせそう》の　営《いとな(み)》を成《な》し堂舎《どうしゃ》塔婆《とうば》を立《た》(て)ても名聞利養《みょうもんりよう》の心《こころ》をおこして修羅闘諍《しゅらとうじょう》の業《ごう》と成《な》す　又五戒十戒《またごかいじっかい》を持《も》(ち)て身口《しんく》ばかりはまぼるといへども意地乱《いじみだ》(れ)ぬれば人天有漏《にんでんうろ》の果福《かふく》と成《な》(り)て大乗無作《だいじょうむさ》の戒　禮《かいらい(ママ)》にあらず　然《しか》(る)間衆生《あいだしゅじょう》の心行《しんぎょう》よりまれにも三界六道《さんがいろくどう》を出《い》(づ)るたよりなし　適々出家発心《たまたましゅっけほっしん》して山野村里《さんやそんり》に身《しん》命《みょう》を捨《す》てて修行《しゅぎょう》すといへども　風雨寒熱《ふううかんねつ》にたえず衣食《えじき》のために煩《わずら》ふ間本《あいだもと》の業因《ごういん》に立《た》(ち)帰《かえ》(り)て三宝仏陀《さんぼうぶった》を背《そむ》き破戒無慚《はかいむざん》のとがをうく　或《ある(い)》は遁世《とんぜ》と名《な》づけて閑居《かんきょ》に庵《いおり》を結《むす》び心静《こころしず》(か)に念仏《ねんぶつ》すといへども　若《も》(し)命《いのち》ながらふれば徒然《つれづれ》にたえず　たえたる人《ひと》も心《こころ》ののどかなるを悦《よろこ》(ぶ)程《ほど》に終焉《しゅうえん》命断《みょうだん》の剋苦痛《きざみくつう》を受《う》(く)る時心顛倒《ときこころてんとう》すれば所存違《しょぞんたが》(ひ)て念仏《ねんぶつ》するにあたはず　空《むな》(し)く死《し》して往生《おうじょう》の本意《ほんい》を失《うし(な)》ふ　悲《かな》(しき)哉《かな》　まれに念仏《ねんぶつ》の知識《ちしき》にあふといへども　或《ある(い)》は戒行《かいぎょう》をまたくしてこそといひ　或《ある(い)》は悪業《あくごう》くるしからずとをしへ　或《ある(い)》は無念《むねん》にして唱《とな》へよとしめし　或《ある(い)》は極楽《ごくらく》に心《こころ》をかけずばかなふべからずとすゝむ　然《しか》(る)間三業四威儀善悪《あいださんごうしいぎぜんなく》の心振舞《こころふるまい》にとゞまりて阿弥陀仏《あみだぶつ》の本願《ほんがん》にも背《そむ》き善導和尚《ぜんどうかしょう》の疏釈《そしゃく》にも違《たが》(ひ)て近来念仏《ちかごろねんぶつ》すといへども　誠《まこと》に往生《おうじょう》の本望《ほんもう》を遂《と》(ぐ)る人稀也《ひとまれなり》　所詮往《しょせんおう》生決定《じょうけつじょう》の念仏《ねんぶつ》の行者《ぎょうじゃ》は在家出家《ざいけしゅっけ》をもいはず　智者愚者《ちしゃぐしゃ》にもよらず善人悪人《ぜんにんあくにん》をもえらばず　心《こころ》の乱《らん》不乱《ふらん》をも論《ろん》ぜず老少不定《ろうしょうふじょう》の命《いのち》なれば旦暮知《たんぼし》(り)がたし　三界火宅難㆓居止㆒乗㆓仏願力㆒往㆓西方㆒と心得《こころえ》て死《し》の縁《えん》まち〳〵なれば何《なん》ぞ只今《ただいま》の臨終《りんじゅう》をのべむや　凡夫《ぼんぷ》の心《こころ》はつたなければ誠《まこと》に今《いま》しぬべしとは覚《おぼ》(え)ずとも　出《いず》る息入《いきい》(る)をまたざれば行住坐臥時処諸縁《ぎょうじゅうざがじしょしょえん》の間《あいだ》に必《かなら》(ず)しぬることはりの

至極《しごく》する上《うえ》は在家《ざいけ》は在家《ざいけ》ながら出家《しゅっけ》は出家《しゅっけ》ながら智者《ちしゃ》は智者《ちしゃ》ながら愚者《ぐしゃ》は愚者《ぐしゃ》ながら善人《ぜんにん》は善人《ぜんにん》ながら悪人《あくにん》は悪人《あくにん》ながら　心《こころ》の乱《みだ》(れ)む時《とき》ものどかならむ時《とき》も極楽《ごくらく》の念《ねん》ぜられむときも念《ねん》ぜられざらむ時《とき》も　病中《びょうちゅう》にも平生《へいぜい》にも善心《ぜんしん》の上《うえ》にも悪心《あくしん》の上《うえ》にも　たゞ称名《しょうみょう》の声《こえ》を往生《おうじょう》と信じて南無阿弥陀《なむあみだ》仏《ぶつ》と唱《とな》(へ)露命尽《ろめいつ》(き)ぬれば名号《みょうごう》の中《なか》より必《かなら》(ず)仏《ほとけ》の来迎《らいこう》も極楽浄土《ごくらくじょうど》もあらはるべき也《なり》　南無阿《なむあ》弥陀仏《みだぶつ》

中河《なかがわ》におはしける時《とき》　聖《ひじり》

行《い》(く)すゑも　今《いま》もむかしも　むなしとも
　いひつくすべき　ことのはもなし

身《み》を思《おも》(ふ)　こゝろのなかを　たがはずば
　身《み》には心《こころ》ぞ　あだとなるべき

なげきなき　こゝろを身《み》には　もとむとて
　身《み》のくるしめば　なげきとぞなる

身《み》のために　よしなく物《もの》を　おもふ哉《かな》
　人《ひと》めをつゝみ　しのぶこゝろは

をしふるに　しられぬかたは　のりのみち
　ほとけのちゐに　をよびがたくて

をしへぬに　しらるゝわざは　六《む》の道《みち》に
　たちかへるべき　こゝろふるまひ
よしあしの　ことの葉《は》ごとに　をく露《つゆ》の
　命《いのち》のきゆる　み名《な》の一《ひと》こゑ
うかびがたき　心《こころ》をしれば　もらさじと
　ちかふほとけの　御名《みな》ぞうれしき

《絵》

《語句》
○直道《じきどう》…迂曲せず、直ちにさとりの世界に至る道のこと　○弘願《ぐがん》…広大な願いの意、仏が衆生を助け、さとりへと導くために起こす、広大な誓願のこと　○思《おも》(ひ)成《な》す…思い込む、思い決める　○愛念妄執《あいねんもうしゅう》…愛情による執着　○財色《ざいしき》…金銭と物品　○放逸《ほういつ》…なまけること、心が散漫となり善行に専心できないこと　○多生曠劫《たしょうこうごう》…多くの生をうけて、長い時をへだてた無限に長い時間　○八寒八熱《はっかんはちねつ》…八大地獄、八熱地獄・八寒地獄　○供仏施僧《くぶつせそう》…仏を供養し僧をもてなすこと　○名聞利養《みょうもんりよう》…名声を得たいという欲望と、財産を蓄えたいという欲望　○人天有漏《にんでんうろ》…人間界から生まれる煩悩　○大乗無作《だいじょうむさ》の戒　禮《らい(ママ)》…禮は體・體の誤記か。性無作仮色の戒体のこと　○業因《ごういん》…この世のありさまの原因となっている業　○破戒無慚《はかいむざん》…戒を破ってしかも自らの心に恥じないこと　○閑居《かんきょ》…世事に関わらずひっそりと暮らしていること　○ながらふ…永らふ。生きながらえる、長生きする、長続きする　○徒然《つれづれ》…することもなく退屈であること、ひとり物思いに沈み、しんみりと寂しいさま　○剋《きざみ》…刻、機会、場合、時　○顚倒《てんとう》…正しいあり方の反対であること、迷っている見方、あり方をいう、道理に背く誤った考え　○戒行《かいぎょう》…戒めを守って修行すること　○念仏《ねんぶつ》の知識《ちしき》…一般的な念仏指導者。真教聖とは別　○三業《さんごう》…一切の行為、身・口・意の三業　○四威儀《しいぎ》…人の四つの行動、行（行くこと）・住（とどまること）・座（すわること）・臥（横になること）　○疏釈《そしゃく》…仏典に対する註釈書の総称　○時処諸縁《じしょしょえん》…時と所と場合のこと

《現代語訳》

甲斐国（現、山梨県）一条氏の何某という人が尋ねて申されるには、「本来、二百珠の数珠を使って念仏するときは時間は短く数は多く、この百八珠の数珠は時間は長く数は少ない。念仏の数を多くするべきか、数は少なくても時間が長い方にするべきでしょうか」と申し上げたところ、真教聖は、

数は数のためにあらず、相続のため。相続は相続のためにあらず、臨終一念のため。臨終一念は臨終一念のためにあらず、往生のため。臨終一念の往生は南無阿弥陀仏。

とおっしゃった。

同国中河（現、山梨県笛吹市）という所のある人は、「真教聖に付き添っている間、念仏の安心も心得ているが、真教聖と離れると、法門の理も念仏の用心もすっかり忘れてしまうので、少し説明していただきたい」と申し上げたところ、

往生極楽の直道は弘願称名の一行である。しかしながら、水上の泡、草葉の露よりも儚い身のために、かりそめの命を永いと思い込み、妻子財宝の愛念妄執に深く貪着し、永く餓鬼や鬼畜の姿となって苦を受ける。この心のために蓄えた所領財色によって数々の煩いが出てくる。その心に背く時は、是非なく怨敵の怒りを生じさせ、放逸邪見の業行を造り、多生曠劫の間、八寒八熱の炎にむせび、氷に閉じられて永く浮かぶのが困難である。まれに供仏施僧を営み、堂舎仏塔を建立しても、名聞利養の心をおこして、阿修羅のごとく闘争や諍いの業となる。また、五戒十戒を保ち、身口ばかりを守るといえども、意が乱れては人天有漏の果報となり、大乗無作の戒体ではない。しかるに、衆生の心のはたらきでは、まれにも三界六道を出る機会はない。たまたま出家発心して山野村里に身命を捨て修行をするといえども、風雨寒熱に耐えられず、衣食のために煩う。そのため、本来の業因に立ち帰り、三宝仏陀に背き、破戒無慚の罪を受ける。あるいは、遁世といい閑居に庵を結び、心静かに念仏するといえども、もし命が長らえれば退屈さに耐えられない。たとえ耐えた人でも心がのどかなのを悦ぶうちに、終焉命断の時に苦痛を受け、心が顚倒するので、思惑とは異なり、念仏することができず空しく死して往生の本意を失ってしまう。なんと悲しいことか。まれに念仏の知識に会ったとしても、戒行を全うしてこそという者、悪業を苦としないと教える者、念仏は無念にして称えよと示す者、あるいは、極楽に心をかけなかれば往生は叶わないと勧める者もいる。しかるに、三業四威儀、善悪の心とふるまいに終始すると阿弥陀仏の本願にも背き、善導和尚の疏釈にも違えてしまう。近ごろ念仏するといっても、まことに往生の本懐を遂げる人はまれである。つまり、往生決定の念仏行者は、在家出家をも問わず、智者愚者にもよらず、善人悪人をも選ばず、心の乱不乱をも論ぜず、老少不定の命であれば、いつ臨終の時が来るか知ることは難しい。三界火宅に居とどまることは難しく、仏の願力に乗じて西方極楽世界に往生しようと心得て、死の縁はまちまちなので、どうしてただ今の臨終を延ばすことができようか。凡夫の心はおろかなので、まことに今は死ぬべし、とは思えない。出る息、入る息を待たないので行住坐臥、時処諸縁の間にも必ず死が訪れるという理はきわめて道理であるという以上、在家は在家、出家は出家、智者は智者、愚者は愚者、善人は善人、悪人は悪人、心の乱れるような時、のどかであるような時、極楽を念ずることができる時、念ずることができない時、病中の時、平生の時、善心、悪心の時にも、ただ称名の声を往生と信じて南無阿弥陀仏と称えて露命が尽きれば、名号の中より必ず仏の来迎も西方極楽世界もあらわれるのである。南無阿弥陀仏。

中河にいらっしゃった時　真教聖がお詠みになった歌

行(く)すゑも　今もむかしも　むなしとも
　　いひつくすべき　ことのはもなし

(未来も今も過去も、考えてみればむなしいことばかりだが、それを言い尽くすような言葉もみあたらない)

身を思（ふ）　こゝろのなかを　たがはずば
　　　　身には心ぞ　あだとなるべき
（わが身を思う心は、どんなことをしてもかわらないのであれば、わが身にとって心は害となるものかな）

なげきなき　こゝろを身には　もとむとて
　　　　身のくるしめば　なげきとぞなる
（嘆きのない心をわが身が求めようとしても、結局は身体が苦しむような状況になれば嘆きになってしまうものである）

身のために　よしなく物を　おもふ哉
　　　　人めをつゝみ　しのぶこゝろは
（人目をはばかったり、さけようとする心は、わが身のためにとりとめのないものを心にかけて思い悩む結果なのであろう）

をしふるに　しられぬかたは　のりのみち
　　　　ほとけのちゑに　をよびがたくて

（仏法を教えるのだが、なかなか理解してもらえない。仏の智慧には及び難いものである）

をしへぬに　しらるゝわざは　六の道に
　たちかへるべき　こゝろふるまひ

（教えてもないのに知られているありさまは六道であり六字名号の道である。その基本に立ち帰るべきではないのか。六道輪廻をもたらす心やふるまい、そして六道輪廻から離れるための心やふるまいを）

よしあしの　ことの葉ごとに　をく露の
　命のきゆる　み名の一こゑ

（葉一枚一枚が夜露を招き寄せるように、それぞれの善悪の言葉も善行悪行を招き寄せるものである。露命はあっという間に消えてしまうので、頼りとなるのは南無阿弥陀仏の一声である）

うかびがたき　心をしれば　もらさじと
　ちかふほとけの　御名ぞうれしき

（わが身には救い難き心があると知れば、衆生を決してもらさず摂取すると誓う阿弥陀仏の御名こそうれしいものである）

《絵》

一遍上人縁起絵第八

第一段

《原文》

同国小笠原《どうこくおがさわら》といふ所《ところ》におはしける時《とき》　日蓮《にちれん》が門弟等《もんていら》念仏勧進《ねんぶつかんじん》無レ謂《いわれなし》とて道場《どうじょう》へ乱入《らんにゅう》(し)て云《いわ》(く)　一代《いちだい》の教法《きょうぼう》には法華《ほっけ》をもて本懐《ほんかい》とし五時《ごじ》の配立《はいりゅう》には妙法《みょうほう》をあげて醍醐《だいご》にたとふ　而《しか》(る)に爾前権門《にぜんごんもん》の念仏《ねんぶつ》をもて正因正行《しょういんしょうぎょう》となづけ　速疾頓成《そくしつとんじょう》の妙宗《みょうしゅう》をもて雑修雑行《ぞうしゅぞうぎょう》と下《くだ》す誹謗大乗《ひぼうだいじょう》の咎遁《とがのが》るゝ所《ところ》なし　仍《よっ》て今祖師《いまそし》と号《ごう》する善導法然《ぜんどうほうねん》等《ら》無間《むげん》に堕在《だざい》す　先祖猶《せんぞなお》しかり況《いわ》(んや)末資《まっし》をやといひて事《こと》を法門《ほうもん》によせて狼籍《ろうぜき》を引《ひ》(き)出《い》(す)（ママ）べき気色見《けしきみ》えける間《あいだ》委細《いさい》の返答《へんとう》に及《およ》ばず　善導法然《ぜんどうほうねん》地獄《じごく》におちらるゝよしの事《こと》さも侍《はべ》らむ　如二溺レ水之人一急須レ救《みずにおぼ(るる)のひとのごとくいそぎすくうべし》　といへり地獄《じごく》に入《い》りて勤苦《ごんぐ》の衆生《しゅじょう》をたすくるは是大悲闡提《これだいひせんだい》のちかひなり　と答《こた》(へ)給《たま》(ふ)に　またく利生《りしょう》のためにあらず大乗《だいじょう》誹謗《ひぼう》の故《ゆえ》なりと重《かさ》(ね)て難《なん》ずる間《あいだ》　汝《なんじ》誹謗《ひぼう》の罪《つみ》によりておちらるゝと心得《こころえ》たらむによりて彼《か》(の)人地獄《ひとじごく》に堕《おと》すべきにあらず　おちたりと心得《こころえ》たらば汝《なんじ》が心《こころ》の中《なか》の善導法然《ぜんどうほうねん》はさこそあるらめとのたまひければ　是非《ぜひ》をいはすべからずとて押《お》(し)寄《よ》(す)る処《ところ》に　在家人《ざいけにん》あまた立《た》(ち)ふさがる中《なか》にときはのなにがしとかやいふものすゝみて云《いわ》(く)　在々処々《ざいざいしょしょ》の利益《りやく》これに限《かぎ》(る)べからず　遺恨《いこん》あらばいづくにても謝《しゃ》したてまつるべし　左右《さゆ》なく狼藉《ろうぜき》を致《いた》さば一身《いっしん》の

恥辱万人《ちじょくばんにん》の嘲弄也《ちょうろうなり》　適々逢《たまたまあ》(ひ)がたき知識《ちしき》に逢《あ》(ふ)事《こと》を得《え》たり　名聞利養《みょうもんりよう》の昔《むかし》は心《こころ》は恩《おん》のためにつかはれ命《いのち》は義《ぎ》によりて軽《かろ》かりき　欣求浄土《ごんぐじょうど》の今《いま》は心《こころ》を本願《ほんがん》に懸《か》(け)て命《いのち》を知識《ちしき》に奉《たてまつ》るなどいひしろふ程《ほど》に　刃《やいば》をまじへ　鋒《ほこさき》をあらそふべかりける間《あいだ》　聖《ひじり》両方《りょうほう》の中《なか》へ分《わ》(け)入《い》(り)て云《いわ》(く)　仏法《ぶっぽう》といふは互《たが》(い)に自他《じた》を忘《わす》れ人我《にんが》を離《はな》(れ)て談《だん》ずる事也《ことなり》　各々《おのおの》のけしきあしく見《み》え侍《はべ》り　不審相貽《ふしんあいのこ》らば後日《ごじつ》に来《きた》(り)給《たま》へ　今日《こんにち》は　速《すみ(やか)》に帰《かえ》るべし　とうちわらひての給《たま》(ひ)ければ　偏執《へんしゅう》をたをし慢心《まんしん》とえ(ママ)けゝるにや日蓮《にちれん》が門弟《もんてい》等引《らひ》(き)退《しりぞ》(き)て事故《じこ》なくしづまりにけり　若《も》(し)雌雄《しゆう》を決《けっ》し是非《ぜひ》をあらそはましかばゆゝしき人《ひと》の大事《だいじ》ならましを身命《しんみょう》を顧《かえり》(み)ずなだめられければにやことなる子細《しさい》なくしづまりにけりいと不思議《ふしぎ》なりける事《こと》にや

《絵》

《語句》

○五時《ごじ》…釈尊の成道の時から入滅までに説法した期間を五つの時期に分ける考え方　○醍醐《だいご》…牛乳を精製すると、乳・酪・生酥・熟酥・醍醐（これを五味という）と次第に上等になっていく。その最上の味　○正因《しょういん》…直接の原因、仏となるべき正しいたね　○雑修《ぞうしゅ》…いろいろのことを修すること、念仏だけでなく、それ以外の他の修業をもすること　○堕在《だざい》…上方から落下する意　○如二溺レ水之人一急須レ救《みずにおぼ(るる)のひとのごとくいそぎすくうべし》…善導『観経疏』玄義分（『浄全』第二巻・六頁・上段）、水に溺れる人は往生を求める凡夫、岸上の者は救済の必要のない聖者を意味する　○大悲闡提《だいひせんだい》…大悲の心による誓いを立て、すべての衆生を成仏させた後に、自己が成仏しようとし、そのために永久に救済の仕事を続け、自分自身は成仏できない者

《現代語訳》

真教聖が、同（甲斐）国小笠原（現、山梨県南アルプス市小笠原）という所にいらっしゃる時、日蓮の門弟たちは「念仏勧進の謂われがない」との主張にて道場へ乱入し、「釈迦が説かれた諸々の教法のなかで『法華経』こそが本懐であり、五時の配立には妙法を最上として、五味の中で醍醐にたとえられる。しかしながら、『法華経』が説かれる以前の教えである念仏を正因正行と名付け、速疾頓成の妙宗を雑修雑行と決めつけ、大乗を誹謗した咎を逃れることはできない。よって今、祖師と称する善導・法然たちは無間地獄に堕在している。祖師たちが堕在しているのであれば、なおさら弟子もそうなる」と言った。法門にかこつけて狼藉を働こうとしているので、真教聖は詳しく返答をしなかった。「善導・法然が地獄に堕ちられたということは、いかにもそうかもしれません。善導『観経疏』には、〈水に溺れている人がいれば、何をさしおいても急いで救わなければなりません〉と言って、あえて地獄に入り、苦しんでいる衆生を救うことは、大悲闡提の誓いなのです」と、お答えになられた。日蓮の門弟たちは「地獄に堕在しているのは、衆生の救済のためではまったくなく、大乗誹謗の罪が原因だ」と、重ねて非難するので、「あなたは誹謗の罪によって地獄に堕ちていると心得ているのでしょうが、善導・法然を地獄に堕とすべきではありません。もし地獄に堕ちたと心得ているのであれば、あなたの心の中の善導・法然はきっと地獄に堕ちているのでしょう」と、おっしゃった。すると日蓮の門弟たちは、有無を言わさず押し寄ろうとしたところ、多くの在家の人びとが立ちふさがった。その中から、ときわの何某とかいう者が出てきて言った。「それぞれの立場における利益に限るべきではありません。遺恨があるのならば何処でもお晴らしになればいいでしょう。あれこれ考えもせず狼藉を働けば、自身の恥となり、万人に嘲られるでしょう。たまたま逢い難い知識（真教聖）に逢うことが出来ました。昔は名誉と財を求め、心は恩のために使い、命は義理によって軽いものでした。今は浄土往生を願い、心を弥陀の本願にゆだね、命を知識（真教聖）に捧げています」などと言い争っているうちに、刃を交え鉾先を争うとしていたので、真教聖が両方の中へ分け入って、「仏法というのはお互いに自他を忘れ、人我を離れて話し合うことなのです。互いのことが悪く見え、疑うのであれば、後日いらっしゃってください。今日は速やかに帰った方がよろしいでしょう」とほほ笑みながらおっしゃった。偏執を打ち砕き、慢心が解けたのであろうか、日蓮の門弟たちは退き事故もなく鎮まった。もし、雌雄を決し優劣を争っていたならば、ゆゆしき人（真教聖）の一大事になっていたであろう。それを真教聖は自らの命を顧みずになだめられたので、これ以上の争いごとが起こることなく静《（ママ）》まった。とても不思議なことではないだろうか。

《絵》

第二段

《原文》

同国《どうこく》板垣《いたがき》入道《にゅうどう》といふ人聖《ひとひじり》に対面《たいめん》ありけるに念仏《ねんぶつ》の法門《ほうもん》領解《りょうげ》して当国《とうこく》修行《しゅぎょう》の間《あいだ》は常《つね》に値遇《ちぐう》し奉《たてまつ》りけ

り　さて国中利益《こくちゅうりやく》の後御坂《のちみさか》にかゝりて相州《そうしゅう》へおもむき給《たま》(ふ)　此《こ》(の)山《やま》は名《な》を得《え》たる険路《けんろ》余《よ》に聞こえたる難所也《なんしょなり》　青巌峯遠《せいがんみねとお》(く)して雲旅人《くもたびびと》の衣《ころも》をうづみ　白霧山深《はくむやまふか》(く)して露行客《つゆこうかく》の袖《そで》を霑《うるお》す　而《しか》(る)に彼《か》(の)人年齢已《ひととしよわいすで》に傾《かたむ》(き)て首《かしら》の霜《しも》を払《はら》ひ　むそぢの坂《さか》を越《こ》(え)て聖《ひじり》を送《おく》(り)奉《たてまつ》りけむ懇志《こんし》の至《いた》りいと哀《あわ》(れ)にこそ侍《はべ》れ　聖《ひじり》いたはしくや思《おも》はれけむ　乗馬《じょうば》すべきよし度々《たびたび》の給《たま》(は)せけれども知識《ちしき》の歩行《かち》にておはするにいかゞ馬《うま》には乗《の》(る)べき　年老《としお》(ひ)衰《おとろ》(へ)侍《はべ》れば惜《おし》(む)とも甲斐《かい》あるべき身《み》にもあらず　たゞかちよりこそとて　其《そ》(の)日《ひ》は河口《かわぐち》といふ所《ところ》までつきぬ　老耄《ろうもう》の身《み》なれば余年《よねん》も幾《いく(ば)》(く)ならず　後会又其《ごえまたそ》(の)期《ご》をしらず　今生《こんじょう》の面拝《めんぱい》も是《これ》をかぎりとかなしみけるいとことはりにこそ侍《はべ》れ　さて夜《よ》あけければ立《た》(ち)給《たま》(ふ)にたもとにとりつきておさなきものゝ母《はは》をしたふがごとく声《こえ》をたてゝなきかなしみければ　いかに心《こころ》なきも袖《そで》をしぼらぬたぐひはなかりけるとぞ　家《いえ》を出《い》で世《よ》をのがれざらむ程《ほど》はかくてしもあるべきならねば　ただいづくにても往生《おうじょう》をとげ給《たま》はむのみこそ本意《ほんい》なるべけれとて　子息《しそく》どもあまたありて心《こころ》ならず取返《と(り)かえ》しける間《あいだ》　同生《どうしょう》を華開《けかい》の朝《あした》に期《き》し再会《さいえ》を終焉《しゅうえん》の夕《ゆうべ》に契《ちぎ》(り)奉《たてまつ》(り)てなく〳〵とゞまりぬ　さて宿所《しゅくしょ》に帰《かえ》(り)けれどもいとゞ心《こころ》も身《み》にそはずなりゆきければ　持仏堂《じぶつどう》に入《い》り聖《ひじり》の真影《しんえい》に向《むか》(ひ)て涙《なみだ》をながしつゝ　会者定離《えしゃじょうり》は有為無常《ういむじょう》の境《さかい》なれば歎《なげ》(く)ともかひあるべき身《み》にもあらず　とく浄土《じょうど》にまいりて不退《ふたい》の友《とも》となり　奉《たてまつ》らむとて水食《すいじき》をとゞめて一心《いっしん》に念仏《ねんぶつ》す　子息親類《しそくしんるい》とかく諌《いさ》(め)けるをも用《もち》(ひ)ずして十一日《じゅういちにち》を経《へ》てつゐに往生《おうじょう》を遂《と》(げ)にけり　或《ある(い)》(は)合戦闘諍《かっせんとうじょう》の禍《わざわい》にあひ　或《ある(い)》(は)恩愛離別《おんないりべつ》の悲《かな》(しみ)にひかれて命《いのち》を捨《す》て身《み》をほろぼす　是皆輪廻《これみなりんね》の妄業《もうごう》にしてまたく得脱《とくだつ》の因縁《いんねん》に非《あら》ず　これは出離《しゅつり》の要法《ようほう》を聞《き》き　往生《おうじょう》の安心《あんじん》をあたへられ奉《たてまつ》りぬる恩徳《おんどく》を思《おも》ひ芳顔《ほうがん》をしたひて

忽《たちま》(ち)に思《おも》(ひ)死《し》にしける事《こと》ためしすくなくこそ侍《はべ》れ　彼《か》(の)雪山童子《せっせんどうじ》の身《み》を投《な》げ常啼菩薩《じょうたいぼさつ》の肝《きも》をさきし皆深位《みなじんい》の大士法身《だいしほっしん》の薩埵《さった》の化儀《けぎ》なれば申《もう》(す)に及《およ》ばず末世《まっせ》の凡夫《ぼんぷ》にをきてはか丶る不思議《ふしぎ》ありがたくこそ侍《はべ》れ

山路《やまじ》にてよみ給《たま》ひける

うへもなき　思(ひ)やきえじ(ママ)　ふじのねの
煙《けむり》はいまは　めにもか丶らず

雲《くも》よりも　たかく出《い》(で)たる　ふじのねの
月《つき》にへだ丶る　かげやなからむ

《絵》

《語句》

○板垣入道《いたがきにゅうどう》…生没年不詳。板垣の地は甲府市の東、今善光寺町里垣の地。板垣氏は武田の一族で、『尊卑文脈』に「武田信義―兼信（板垣三郎）―頼重―頼兼―行頼―長頼」とあり、『武田系図』に「信義―兼信（板垣二郎）」とあるが該当する人名を明らかにできない　○会者定離《えしゃじょうり》…会う者はかならず別れると定まっていること、この世がはかなく無常であることを示す言葉　○有為無常《ういむじょう》…この世の現象は、因縁のからみ合いによって生じたものであるため、恒常性がなく、常に移り変わることをいう　○妄業《もうごう》…あやまった分別による行為、迷いの原因となるあやまった行為　○深位《じんい》…修行が進んだ高い位のこと。大乗の菩薩が最初に菩提心を起こしてから、修行を積み、仏果に到るまでの五十二種類の階位が高いこと　○大士《だいし》…菩提薩多に対する通称、菩薩のこと　○法身《ほっしん》…真実そのものの体　○薩埵《さった》…菩提薩埵の略。菩薩。ゆえに法身の薩埵とは法身菩薩のことであり、修行を積み重ねた結果、真如の真相を一部分ずつさとりつつある菩薩を指す。十地にのぼった菩薩

《現代語訳》

同国（現、山梨県）で、板垣入道という人が真教聖に対面した時、念仏の法門を領解し、当国修行の間は常に同行することとなった。さて、国中利益の後、御坂（現、山梨県笛吹市御坂町）に逗留し、相州（現、神奈川県）へ向かわれた。この山は険路で有名な難所である。青巌の峰は遠く雲が旅人の衣をおおう。白霧は山深く露は行客の袖をうるおす。しかるに、この入道はすでに高齢で白髪になり、六十歳を超えていたが、真教聖をお送りなされていた。入道の懇志にとても感動したが、真教聖は気の毒に思い、馬にお乗りになるように度々おっしゃった。しかし、入道は、知識（真教聖）が歩いていらっしゃるのにどうして馬に乗れるだろうか。年老いて衰えているので、惜しむ甲斐のある身体ではない。ただ徒歩で行ったとはいえ、その日は河口（現、山梨県南都留郡富士河口湖町河口）という所まで着いた。老いぼれた身体であれば余命は幾ばくもない。後にまた会えるかも分からないので、今生でお目にかかるのもこれ限り、と悲しむのは道理である。さて、夜が明け、ご出発なされる時に、入道がまるで幼い子が母のたもとにしがみつき慕うように声をあげ泣き悲しんでいるのは、いくら薄情な人でもそれを見て涙を流さないことはないだろう。世を遁れられない立場であれば必ずしも家を出るべきではない。ただ何処にいても往生をとげることのみが、

本意であるべきだ。息子たち一族がたくさんいるので、不本意ではあるが帰ることにした。そのため、同生を華開の朝に期待し、再会を終焉の夕と約束し、泣く泣く留った。さて宿所に帰ってきたが、ますます心ここに非ずとなったので、持仏堂に入り真教聖の真影に向かい涙を流した。会者定離は有為無常の境であり、たとえ嘆いても意味のある身ではない。すぐに浄土に参って不退の友となろうと、飲食をやめて一心に念仏した。子息・親類がいろいろと諌めるも、受け入れなかった。その十一日後、ついに往生を遂げた。たとえば合戦闘争の禍にあい、あるいは恩愛離別の悲しみに心をひかれ、命を捨てて身をほろぼす。これはすべて輪廻の妄業にして、得脱の因縁ではない。これは出離の要法を聞き、往生の安心を与えられた恩徳を思いながら、芳顔（真教聖）を慕い、瞬く間に思いを遂げて死んだことは、前例が少ない。かの雪山童子の身投げや常啼菩薩が自分の肝をさいたことは、すべて深位の大士、法身の薩埵の化儀なので言うには及ばない。末世の凡夫においては、このような不思議なことはめったにないことである。

山路にて真教聖がお詠みになった

うへもなき　思(ひ)やきえじ　ふじのねの
　　煙はいまは　めにもかゝらず

(この上ない板垣入道の思いと富士の嶺の煙は消えないだろう、もはや目にかからない程はっきりしている)

雲よりも　たかく出(で)たる　ふじのねの

月にへだゝる　かげやなからむ

（雲よりも高くそびえる富士の嶺は、月の光を遮るようなことができないように、この入道の念仏往生の志は遮るものはないだろう）

《絵》

第三段

《原文》

越後国《えちごのくに》波多岐庄《はたきのしょう》中條七郎蔵人《なかじょうしちろうくろうど》といへる人　正応六年《しょうおうろくねん》の比《ころ》　聖《ひじり》に対面《たいめん》し奉《たてまつ》（り）て他力本願《たりきほんがん》の謂《いわ》（れ）念仏往生《ねんぶつおうじょう》の安心《あんじん》にもとづきて後《のち》　分段生死《ぶんだんしょうじ》の界《さかい》に心《こころ》をとゞめず老少不定《ろうしょうふじょう》のことはりに思《おも》（ひ）を懸《か》（け）て所領財宝妻子眷属《しょりょうざいほうさいしけんぞく》の愛執着心《あいしゅうじゃくしん》を翻《ひるがえ》（し）て只後生菩提《ただごしょうぼだい》の営《いとな》（み）より外《ほか》は他事《たじ》なかりけるが　真《まこと》の知識《ちしき》に逢《あ》（ひ）奉《たてまつ》（り）て往生遂《おうじょうと》（げ）侍覧事永劫《はべらんことようごう》を経《へ》（る）とも争《いかで》（か）報謝《ほうしゃ》し奉《たてまつ》（る）べきとて感涙《かんるい》を流《なが》しけり　其《そ》（の）後出家《のちしゅっけ》して浄阿弥陀仏《じょうあみだぶつ》となむいひけるが所労付《しょろうつ》（き）侍《はべ》（り）けるに　病中《びょうちゅう》の間《あいだ》　或《ある(い)》（は）光明《こうみょう》を見《み》　或《ある(い)》（は）音楽《おんがく》をきく　化仏菩薩尋声到一念傾心入宝蓮《けぶつぼさつじんじょうとういちねんきょうしんにゅうほうれん》と唱《とな》（へ）て　諸々《もろもろ》の菩薩聖衆《ぼさつしょうじゅ》たちの影向《ようごう》しまし〳〵けりとて落涙《らくるい》し侍《はべ》（け）けるに　ほそらかなる光二《ひかりふた》すぢ浄阿弥陀仏《じょうあみだぶつ》が頂《いただき》を照《て》（ら）す　此《こ》（の）時掌《ときたなごころ》を合《あわ》（せ）て即《すなわ》（ち）紫雲《しうん》たなびきて柴《しば》のとぼそに立《た》（ち）廻《まわ》（る）といふ讃《さん》を頌《じゅ》して一心《いっしん》に来迎《らいこう》を

まつ　苦痛増気《くつうぞうき》する時《とき》は　慈悲加祐令心不乱《じひかゆうりょうしんふらん》とこそ見《み》えたれ　我《わ》(が)力《ちから》ならばこそいかなる苦痛《くつう》ありともなどか念仏《ねんぶつ》の申《もう》されざるべきとて高声念仏百返許申《こうしょうねんぶつひゃっぺんばかりもう》(し)ていき絶《た》(え)ぬ　于時霊光赫奕《ときにれいこうかくやく》として晴天《せいてん》に耀《かがや》き異香芬郁《いこうふんいく》として内外《ないげ》に薫《くん》ず　骨《ほね》を拾《ひろ》(ふ)時又紫瑞空《ときまたしずいそら》に見《み》えて楽音雲《がくおんくも》にきこゆ　骨《ほね》は皆五色《みなごしき》にして仏舎利《ぶっしゃり》の如《ごと》し　願力《がんりき》かぎりなければ正法末法時《しょうぼうまっぽうとき》をゑらぶ事《こと》なく機縁空《きえんむな》しからざれば在家出家人《ざいけしゅっけにん》を嫌《きら》(ふ)事《こと》なし　往生《おうじょう》をとぐるもの多《おお》しといへども　げにかゝる霊異《れいい》はありがたかるべきにや

《絵》

《語句》

○中條七郎蔵人《なかじょうしちろうくろうど》…生没年不詳、越後国波多岐庄（現、新潟県十日町市中条）の住人。この七郎蔵人は「小森沢系図」（東京大学史料編纂所所蔵）の田中太郎重の次男「田中七郎蔵人経氏、中条惣地頭、法名浄阿」とされる。系図は七郎蔵人の母、そして子孫を含め二十二名の阿号を記し、一族は時宗の信仰を伝えたことを物語る（『川西町史』上巻）　○分段生死《ぶんだんしょうじ》…六道輪廻の生死のこと　○老少不定《ろうしょうふじょう》…老人が先に死に、若者が後に死ぬとは限らないということ　○化仏菩薩尋声到一念傾心入宝蓮《けぶつぼさつじんじょうとういちねんきょうしんにゅうほうれん》…善導『観経疏』散善義（『浄全』第二巻・七〇頁・上段）化仏菩薩の声を尋ねて至る。一念心を傾くれば蓮華に入る　○慈悲加祐令心不乱《じひかゆうりょうしんふらん》…玄奘訳『称讃浄土仏摂受経』（『大正蔵』第一二巻・三六七頁・上段）阿弥陀仏が慈悲をもって、お力を添えて心が乱れないようになれる　○霊光赫奕《れいこうかくやく》…不思議なひかり輝く様子　○異香芬郁《いこうふんいく》…すぐれた良い香り　○機縁《きえん》…時機因縁の略。動機とか機会の意味。人の素質のよしあし

《現代語訳》

越後国波多岐中條七郎蔵人という人がいた。正応六年（一二九三）に真教聖に対面されて、他力本願の教えを聞き、念仏往生の安心をいただいた。その後、分段生死の界に心をとどめず、老少不定の理に思いを巡らせ、所領・財宝・妻子・眷属に対する愛執着心を改め、ただ後生は極楽に往生することよりほかはない。真の知識（真教聖）にお逢いして、往生を遂げられることは、たとえ永劫を経ても、なんとしてでも感謝するべきだ、と涙を流した。その後、出家して名を浄阿弥陀仏と改めるが、病にかかった。病中、たとえば光明が見えたり、あるいは音楽が聴こえていた。「化仏菩薩尋声到一念傾心入宝蓮」と唱え、諸々の菩薩聖衆たちが来迎されたと涙を流した。その時、二筋の細い光が浄阿弥陀仏の頭を照らした。合掌し、「すなわち紫雲たなびきて　しばしのとぼそにたちめぐり」という『来迎讃』の一説を唱えて、一心に来迎を待った。苦痛が増す時は、「慈悲加祐令心不乱」のようにみえた。私の力では、どんな苦痛があったとしてもどうして念仏を称ずにはいられようかと、高声念仏を百遍ほど称え、息絶えた。その時に霊光赫奕として晴天に輝き、異香芬郁として周囲に香る。また、火葬後骨を拾う時には、紫雲がたなびき、音楽が空中に聴こえ、骨は五色にして仏舎利のようである。願力は限りなければ、正法末法の時を選ぶことなく、機縁があるので在家出家を区別することはない。往生を遂げる人は多いというが、このような霊異はめったにあることではない。

《絵》

第四段

《原文》

越前国角鹿笥飯《えちぜんのくにつぬがのけひの》近来言敦賀気比大神宮者《だいじんぐうは》大日如来之垂迹《だいにちにょらいのすいじゃく》 仲哀天皇之宗廟也《ちゅうあいてんのうのそうびょうなり》 天皇九年《てんのうくねん》異国《いこく》へ発向《はっこう》せむとし給《たま》(ひ)し時《とき》 於長門国豊浦宮《ながとのくにとようらのみやにおいて》崩御《ほうぎょ》の間《あいだ》神功皇后懐妊《じんぐうこうごうかいにん》たりながらつゐに三韓《さんかん》を責《せ》(め)平《たいら》(げ)て帰朝《きちょう》の後《のち》皇后十三年《こうごうじゅうさんねん》みづから神主《かんぬし》となりて祭礼《さいれい》を被始行《しぎょうせらる》(より)以来《このかた》一千余回《いっせんよかい》の星霜《せいそう》旧《ふ》(り)たりといへども 七《しち》十余代《じゅうよだい》の崇敬《すうけい》 改《あらたま》(る)事《こと》なし 北陸幽奇《ほくりくゆうき》の祠壇《しだん》を祐《たす》(け)て華夷静謐《かいせいひつ》の官社《かんしゃ》に備《そな》ふ 専《もっぱ》(ら)異国征伐《いこくせいばつ》の儀《ぎ》式《しき》をもて猶本朝鎮護《なおほんちょうちんご》の祭祀《さいし》とす 夏礿秋嘗《かしゃくしゅうしょう》の礼欽仰年旧《れいきんぎょうとしふ》(り)たり 朝祈夕賽《ちょうきせきさい》の輩《やから》効験《こうけん》日《ひ》(に)新《あら》(た)なり 霊異《りょうい》の 甚《はなはだ》(し)き事不レ可二得称一者歟《ことしょうするをえべからざるものか》 抑々此《そもそもこ》(の)地《ち》(の)為体《ていたらく》 東《ひがし》に翠嶺《すいれい》の嵯峨《さが》たるあり 朝《あした》の日《ひ》利生《りしょう》の光《ひかり》を耀《かがや》(か)し 北《きた》に蒼海《そうかい》の渺慢《びょうまん》たるあり夜《よ》の月和光《つきわこう》の影《かげ》をうつす 是《これ》(を)以《もっ》(て)漁翁《ぎょおう》の釣《つり》をたるゝ蒼浪万里《そうろうばんり》の雲《くも》を重《かさ》(ね)てをのづから生者必滅《しょうじゃひつめつ》のことはりをかたどり 遊女《あそびめ》の棹《さお》をうつす煙波千《えんばせん》里《じゅう(ママ)》の霧《きり》を隔《へだ》てゝ鎮《とこしな》(へ)に会者定離《えしゃじょうり》の悲《かな》(しみ)を顕《あら》(は)す 爰《ここ》(に)正安三年聖当社《しょうあんさんねんひじりとうしゃ》へ参詣《さんけい》ありけるに 或人霊夢《あるひとれいむ》を見《み》る 社頭《しゃとう》の後《うしろ》の森《もり》に白鷺《しらさぎ》当社仕者数《かず》をしらず群集《くんじゅ》す 何事《なにごと》ぞと 傍《かたわら》の人《ひと》に尋《たず》(ぬ)るに道《みち》をつくらるべき評定也《ひょうじょうなり》云云 加レ之《しかのみならず》 当社前大祝兼盛瑞夢《とうしゃさきのはふりかねもりずいむ》の告《こく》を蒙《こうむ》(る)によりて 西門《せいもん》の道《みち》をつくりて聖《ひじり》にふみはじめさせたてまつらむとおもひ侍《はべ》りけれども 社家《しゃけ》の一大事《いちだいじ》たやすく人力《じんりき》の及《およ》(ぶ)べきにあらずとて歎《なげ》(き)ながら年月《としつき》を送《おく》(る)よし聞《き》(き)給《たま》(ひ)て さてはやすき事《こと》にこそと仰《おお》(せ)られける間《あいだ》 社司神官《しゃししんかん》

等《ら》大《おお(い)》に悦《よろこ》(び)て先《ま》(づ)縄《なわ》を引《ひ》(き)て道《みち》のとほりを定《さだ》む　広《ひろ》さ二丈《にじょう》あまり遠《とお》さ三丁余也《さんちょうあまりなり》　さてもそのあたりはおびたゞしき沼《ぬま》なりければすべてうむべき土《つち》のたよりもなかりけるを　聖社頭《ひじりしゃとう》より四五町許《しごちょうばかり》ゆきて浜《はま》の沙《いさご》をはこびはじめたまふほどに　時衆《じしゅう》の僧尼我《そうにわれ》も〳〵とぞあらそひける　其《そ》(の)外《ほか》も諸国帰《しょこくき》依《え》の人近隣結縁《ひときんりんけちえん》の輩《ともがら》貴《き》賤《せん》を論《ろん》ぜず道俗《どうぞく》をいはず　神官社僧遊君遊女《しんかんしゃそうゆうくんゆうじょ》に至《いた》るまで　七日夜《しちにちや》の間《あいだ》は肩《かた》をきしり踵《くびす》をつげり　海浜《かいひん》すこぶる人倫《じんりん》をなし道路《どうろ》ます〳〵市《いち》のごとし　しかのみならず社頭《しゃとう》を掃除《そうじ》し宮中《ぐうちゅう》を崇敬《すうけい》して沙《すな》をちらし石《いし》をたゝましめ給《たま》(ふ)　大方《おおかた》たまをみがき鏡《かがみ》をかけたるがごとし　聖《ひじり》の道徳《どうとく》にあらずば争《いかで》(か)たやすくこの大功《たいこう》をなさむや　此《こ》(の)間霊異甚《あいだりょういはなは》(だ)多《おお》(し)といへどもしげきによりてこれをのせざるところなり

《絵》

《語句》

○欽仰《きんぎょう》…尊敬し慕うこと　○朝祈夕賽《ちょうきせきさい》…原文では「朝祈夕賽」と書かれているが「朝祈暮賽」のことであろう。意味は朝夕神仏に参詣し祈願すること　○霊異《りょうい》…すぐれて不思議なこと　○夏礿《かしゃく》…夏越の祓のこと　○秋嘗《しゅうしょう》…新嘗祭のこと　○利生《りしょう》…衆生を利益すること。利益衆生の略。人々を救うこと　○和光《わこう》…和光同塵の意味。仏・菩薩あるいはその化身としての神々が自らの光をやわらげて、悩める人びとに同ずること。また、おだやかな光　○大祝兼盛《はふりかねもり》…大祝《おおはふり》とは神職の位を意味する。兼盛については詳細不明である

《現代語訳》

越前国角鹿笥飯（現、福井県敦賀市曙町）の氣比神宮は大日如来の垂迹であり、仲哀天皇の宗廟がある。天皇九年（二〇〇）に異国へご出発しようとされた時、長門国豊浦宮（現、山口県下関市）にて崩御されたので、神功皇后はご懐妊されながらも、三韓を攻め平定した。帰国の後、皇后十三年（二一三）に自ら神主となって、祭礼を始めて以来千余回の年月がたったといえども、七十余代の崇敬は変わることがなかった。この神宮は北陸にある優れた祠壇であり、神助により、日本を含めた世界の太平を祈願する官社として整えられている。もっぱら、異国征伐の儀式を行い、さらに日本国の鎮護の祭祀を勤めている。夏礿秋嘗の祭礼を欽仰して、年月が経過した。朝祈暮賽の人びとに、効験が日々あらたかであり、霊異がはなはだしいことは言うまでもない。そもそもこの地は、東の翠嶺は高く険しく、朝日が利生の光を耀かせている。北の蒼海は果てしなく広がり、夜の月は和光の影を映している。このことは、漁翁の釣りをする波浪が万里の雲を重ね、自ずから生者必滅の理を顕し、遊女の棹をうつす波浪が千里の霧を隔て、永く会者定離の悲しみを顕している。ここに正安三年（一三〇一）、真教聖が当社へ参詣した時に、ある人は霊夢を見た。社頭の後ろの森に、当社の仕者である白鷺が数えきれないほど集まっていた。何事かとそばの人に尋ねると、道を造ろうと評定していた。そればかりでなく、以前から当社前大祝兼盛は瑞夢のお告げを受けて、西門の道を造り、真教聖には最初にお歩きになっていただこうと思っていた。しかし、社家の一大事であり、人力でたやすく行うのは無理だと嘆きながら年月を送っていた。それを真教聖はお聞きになり、「それはたやすいことだ」とおっしゃられ、社司神官たちは大いに喜んだ。まず縄を引いて道幅を定めた。広さ二丈あまり（約六メートル）、距離約三丁ほど（約三〇〇メートル）である。しかし、その辺りは非常に大きい沼地であり、すべてを埋めるべき土のあてもなかった。真教聖は自ら、社頭より四、五町ばかり（約五〇〇メートル前後）行き、浜の砂をお運び始めると、時衆の僧尼は、我も我もと争うようにして運んだ。その他にも諸国で帰依した人や、近隣で結縁した人びとが、身分や道俗に関係なく、神官・社僧・遊君・遊女に至るまで、七日七夜の間は大勢の人びとが肩をきしらせ、かかとをつげるようにして砂を運んだ。浜辺には大勢の人びとが集まり、道路はますます市のようになった。そればかりでなく、社頭を掃除し宮中を崇敬して、砂を散らし石を片付けられた。辺り一帯の玉を磨き、鏡をかけたようにきれいであった。真教聖に徳がなければ、どうして簡単にこの事業を成すことができたであろうか。この間には霊異がはなはだ多く、繁雑になるのでそれらを載せなかった。

《絵》

一遍上人縁起絵第九

第一段

《原文》

正安三年十月《しょうあんさんねんかんなづき》の比《ころ》伊勢国《いせのくに》へ入《い》(り)給《たま》(ふ)　同十一月《どうしもつき》の始《はじ(め)》櫛田《くしだ》の赤御堂《あかみどう》に逗留《とうりゅう》ありけるが　此《こ》(の)次《つい》(で)に太神宮《だいじんぐう》へ参詣《さんけい》すべきよしの給《たま》(ひ)けるを　凡《およ》そ当宮《とうぐう》は僧尼《そうに》参詣《さんけい》の儀《ぎ》たやすからざるうへ　如レ此《かくのごとき》遊行多衆《ゆぎょうたしゅう》の聖《ひじり》宮中《みやのうち》へいり給《たま》(ふ)事《こと》いまだ其《そ》(の)例《ためし》なし　且若干《かつそこばく》の尼衆《にしゅう》の中《なか》には月水等《げっすいとう》のけがれあるべし　又疥癩人等《またかいらいにんら》つきしたがひ奉《たてまつ》れり　是又宮中《これまたみやのうち》へ入《い》(る)事禁制《こときんぜい》あり　旁々《かたがた》はばかりあるべしなど申《もう》(す)輩侍《やからはべ》りけれども追《お》(ひ)返《かえ》されむ所《ところ》までまいるべしとて　疥癩《かいらい》のたぐひをば宮河《みやかわ》の辺《ほとり》に留《とど》(め)置《お》(き)て自余《じょ》の僧尼以下《そうにいか》は皆引《みなひ》(き)具《ぐ》(し)て外宮《げくう》へまうで給《たま》(ふ)に敢《あ》(へ)て制《せい》したてまつる人《ひと》なし　これによりて中《なか》(の)鳥居《とりい》までまいりて十念《じゅうねん》となへ給《たま》(ふ)　宮居久《みやいひさ》(し)く神《かん》さびたるけしき余《よ》の社《やしろ》にすぐれ渇仰《かつごう》を至《いた》し信心《しんじん》をもよをす事他《ことた》の神《かみ》に超《こ》(え)たり　昔天《むかしあま》(の)巌戸《いわと》を閉《と》(ぢ)給《たま》(ひ)し時《とき》　日月光《にちがつひかり》みえずして天《てん》下《げ》とこやみになり侍《はべ》(り)しに　天津児屋根尊八百万《あまつこやねのみことやおよろず》の神達《かみたち》をあつめて榊《さかき》の枝《えだ》をとり庭火《にわび》をたきてよもすがら神《かみ》あそびしたまひしにめでゝ　あさくらがへしの時俄《ときにわか》に巌戸《いわと》を開《ひら》(き)給《たま》(ひ)けむ　いにしへ思《おも》(ひ)出《い》(で)られてたうとくおもしろくぞ侍《はべ》る　かくて宮中出入《みやのうちでいり》のともがらに念仏《ねんぶつ》をすゝめ給《たま》(ふ)に神人等《しんじんら》こ

の所《ところ》の風俗《ふうぞく》としてかくのごとくの儀《ぎ》いましめられ侍《はべ》(り)とて一人《ひとり》もうくるものなし　爰《ここ》(に)宮《みや》(の)政所《まんどころ》大夫雅見《だいふまさみ》といふものおりふし参宮《さんぐう》して下向《げこう》しけるが聖《ひじり》の念仏《ねんぶつ》をすゝめ給《たま》(ふ)　御手《みて》より金色《こんじき》の光《ひかり》其《そ》(の)色《いろ》あざやかにして上《うえ》へ一尺五六寸《いっしゃくごろくすん》ばかり左右《さゆう》へ一尺七八寸許《いっしゃくしちはっすんばかり》見《み》え給《たま》(ふ)　又同《またおな》(じき)御手《みて》より五色《ごしき》の瓔珞二尺許《ようらくにしゃくばかり》玉《たま》を貫《つらぬ》(き)てうごくがごとくしてたれたり　于レ時《ときに》雅見《まさみ》奇異《きい》のおもひをなしてまぼろしといふはかやうの事《こと》にやと思惟《しゆい》して暫《しばら》(く)目《め》をとぢて又見開《またみひら》(く)になをもとのごとし　此《こ》(の)時掌《ときたなごころ》をあはせひざを屈《くっ》して十念《じゅうねん》をうけたてまつる　此《こ》(の)後諸人《のちしょにん》ことごとく念仏《ねんぶつ》をうけたてまつりけり　又一禰宜《またいちのねぎ》定行宮中《さだゆきみやのうち》の館《やかた》にて聊《いささ》(か)居《い》ながらねぶりたりけるゆめのうちに　山田《やまだ》の上大路《のぼりおおじ》を五体《ごたい》すきとをり給《たま》へる阿弥陀如来並《あみだにょらいなら》(びに)菩薩聖衆百体《ぼさつしょうじゅひゃくたい》ばかり引列《ひきつ》(り)て黒衣《こくえ》の僧少々《そうしょうしょう》あひまじはりて中《なか》の鳥居《とりい》へ向《むか》(つ)てとをり給《たま》(ふ)と見《み》て即《すなわ》(ち)驚《おどろ》(き)ていはく　たゞいま如何《いか》なる人《ひと》か参宮《さんぐう》したまひつると尋《たず》(ぬる)にしか〳〵の聖《ひじり》こそ大勢《おおぜい》にてとをり給《たま》(ひ)つれとこたふるに　信伏随喜《しんぷくずいき》して殊《こと》(に)帰依渇仰《きえかつごう》す　其《そ》(の)日《ひ》は法楽舎《ほうらくしゃ》に宿《しゅく》せられけるに宮人等美膳《みやひとらみぜん》をとゝのへて供給《くきゅう》したてまつる　又次《またつぎ》(の)日内宮《ひないくう》へまうでたまふ御裳洗河《みもすそがわ》に浴水《よくすい》をもちゐて漸《ようや》(く)社壇《しゃだん》におもむきたまふに　神風《じんぷう》ひさしくつたはりて業塵《ごうじん》をはらひ霊水《れいすい》遠《とお》く流《なが》(れ)て心垢《しんく》をきよむるかとぞおぼえたる　さて二《に》(の)鳥居《とりい》にて十念《じゅうねん》となへて下向《げこう》したまふに　内《ない》宮一禰宜申《くういちのねぎもう》(し)て云《いわ》(く)　神《かみ》の法楽人《ほうらくひと》の結縁《けちえん》のためにとて日中《にっちゅう》の礼讃《らいさん》を所望《しょもう》し侍《はべ》(り)けるに社頭《しゃとう》は其《そ》(の)例《ためし》なき間《あいだ》　道《みち》のかたわら(ママ)なる芝《しば》の上《うえ》にて例《れい》のごとく一時念仏《ひとときねんぶつ》あり聴聞《ちょうもん》の上下感涙《じょうげかんるい》をおさへて信仰《しんこう》し侍《はべ》り　凡《およ》(そ)外用《げゆう》の仏法《ぶっぽう》に敵《てき》する蹔《しばら》(く)魔王《まおう》に順《じゅん》じて国土《こくど》を領《りょう》せんがため内証《ないしょう》の利生《りしょう》を専《もっぱ》(ら)にする　つゐに群萌《ぐんもう》をこしらへて仏界《ぶっかい》に入《い》れむ事《こと》を欲《ほっ》するものをや　此《こ》(の)事《こと》は雅見注進状並《まさみちゅうしんじょうなら》(び)に一《いちの》

禰宜《ねぎ》夢想《むそう》とて後日《ごじつ》に神宮《じんぐう》より上人《しょうにん》へ進《しん》ぜられけるとなむ

《絵》

《語句》

○疥癩《かいらい》…ハンセン病のこと　○あさくら…神楽歌の中の雑歌の一つ、朝倉　○天津児屋根尊《あまつこやねのみこと》…天児屋根命とも。古代における名族中臣氏の祖神。その子孫は伊勢神宮の祭主・大宮司を勤める　○注進状《ちゅうしんじょう》…上申文書の一つ。平安時代から室町時代にかけて用いられた文書。荘園で壮官より領主へむけて土地の田数や年貢の決算額を記して報告する文書等

《現代語訳》

正安三年（一三〇一）十月の頃、真教聖は伊勢国（現、三重県）にお入りになった。十一月の始めは櫛田の赤御堂《あかみどう》（現、松阪市櫛田、櫛田神社か）に逗留していたが、その次に伊勢神宮へ参詣するのがよいとおっしゃった。そもそも伊勢神宮は、僧尼が参詣するのも容易ではないうえに、このような多くの遊行僧が宮中に入られることは例がない。そのうえ何人かは月経などの尼僧もいた。また、疥癩《かいらい》の人びとも付き従えているが、彼らも宮中に入ることは禁制され、「あなた方は遠慮するべきだ」と申す輩がいた。しかし、真教聖は「追い返されるところまでは参ろう」と、疥癩の人びとは宮川のほとりに留め置き、そのほかの僧尼以下はみな引き連れて外宮まで詣でられたが、あえて止める人はいなかった。このようにして、中の鳥居まで参詣して十念を称えられた。伊勢神宮は久しく神々しい景色を保ち、他の神社より優れ、渇仰をもた

らし、信心をひき起こすことは他の神を超えている。昔、天照大神が天岩戸《あまのいわと》を閉じられた時、日月光が見えず天下が常闇になると、天津児屋根尊《あまつこやねのみこと》（天児屋根命《あめのこやねのみこと》）が八百万の神々を集めて、榊の枝を取り、庭火を焚いて夜もすがら神楽を行った。すると、天照大神は心が惹《ひ》かれて、神楽歌「朝倉」の返しの場面の時に突然岩戸をお開きになった。いにしえの出来事を思い出されて、崇高でおもむき深いことであると真教聖は思われた。このようにして宮中出入りの人びとに念仏を勧められたが、神職たちはここの習わしではこのようなことは禁止されているとして一人も受けるものはいなかった。伊勢神宮の政所大夫《まんどころたいふ》雅見《まさみ》というものが、まさにその時、参宮して帰ろうとしたが、念仏を勧められている真教聖の手から色鮮やかな金色の光が、上へ一尺五六寸（四五～四八センチ）ほど、左右へ一尺七八寸（五一～五四センチ）ほど見えた。また同じく、手から五色の瓔珞《ようらく》二尺（六〇センチ）ほどが玉を貫いて動くようにして垂れ下がった。この時、雅見は奇異の思いがして幻というのはこのようなことだと思惟し、少しの間目を閉じてまた目を開くと、前と同じ状態であった。そこで、雅見は合掌し、膝を屈して十念を受けた。この後、諸人はことごとく念仏を受けた。また、一禰宜《いちのねぎ》定行は宮中の館にて少し居眠りをしていた。その夢の中で、山田（現、伊勢市山田）の上大路《のぼりおおじ》を、全身が透き通った阿弥陀如来が、菩薩聖衆百体ほどを引き連れ、そこに黒衣の僧も数人混じえて、中の鳥居を通られているのを見てすぐに驚いて言った。「ただいま、いかなる人が参宮されたのか」と尋ねると、このような聖が大勢で通られている、と答えたので、信伏随喜して殊に帰依し渇仰した。その日は法楽舎（現、伊勢市山田法楽舎）にお泊りになると、宮人たちは美膳を準備して供養された。また次の日には、内宮に参詣された。御裳洗河《みもすそがわ》（五十鈴川《いすずがわ》）を浴水に使い、だんだんと社壇に向かって行くと、神風は長い時間吹き、業塵《ごうじん》を払い、霊水は遠く流れ、心の垢を清めるように感じた。そうして、二の鳥居にて十念を称えて下向されると、内宮の一禰宜が、「神への法楽は人との結縁のためである」と申され、日中礼讃を修することを所望した。社頭にて修するのは前例が無いことなので、道端の芝の上で、いつもどおり日中礼讃と念仏が行われた。聴聞の人びとは、感涙を押しとどめて信仰した。およそ、仏法の外用の敵となる魔王に少しの間従って、国土を所有するために内証の利生に専念することで、ついに衆生をなだめて仏界に入れようと欲するだろうか。このことは、雅見が注進状及び一禰宜の夢想記として後日に伊勢神宮から真教聖に差し上げられた。

《絵》

第二段

《原文》

同四年春《どうよねんはる》　越前国敦賀《えちぜんのくにつるが》に又日数《またにっすう》を送《おく》(り)給《たま》(ふ)に　江州《ごうしゅう》小野社《おののやしろ》神主《かんぬし》実信《さねのぶ》霊夢《れいむ》の告《つげ》あるによりて書札《しょさつ》を奉《たてまつ》る状《じょう》(に)云《いわ》(く)　去《さ》(る)正月二十八日《しょうがつにじゅうはちにち》夜《よ》寅剋《とらのこく》夢想《むそう》に当社《とうしゃ》御宝殿《ごほうでん》の正面《しょうめん》の御戸《みと》をおしひらかれたるに　金色《こんじき》の光明《こうみょう》ありて内外《ないげ》赫奕《かくやき》たり　御殿《みどの》のうちよりけだかき御声《みこえ》してのたまはく　諸国修行《しょこくしゅぎょう》の念仏《ねんぶつ》勧進《かんじん》の聖《ひじり》他阿弥陀仏《たあみだぶつ》は権化《ごんげ》の人也《ひとなり》　汝《なんじ》かの上人《しょうにん》を当社《とうしゃ》へ招請《しょうせい》せよわれ結縁《けちえん》すべしとしめしたまふ間《あいだ》

子細《しさい》を申《もう》(し)入《い》(る)云云 仍《よっ》(て)神託《しんたく》のうへは速《すみ(やか)》に請《しょう》に応《おう》ずべきよし返事《へんじ》ありて 同三月四日江州《どうやよいよっかごうしゅう》へおもむき給《たま》(ふ) 今《いま》は峯《みね》のあは雪《ゆき》ものこりなきころなれども猶風《なおかぜ》はあらちの山《やま》かとおぼえける所《ところ》を過《す》(ぎ)て海津《かいづ》の浜《はま》につき給《たま》(ひ)けるに むかへに船《ふね》をたてまつりければやがて九日立《ここのかた》(ち)給《たま》(ふ) 昨日《さくじつ》は北《きた》に吹《ふ》(き)今日《こんにち》は南《みなみ》に送《おく》る風帆《ふうはん》の感応《かんのう》しかしながら神《かみ》の威光《いこう》をほどこして上人《しょうにん》を擁護《ようご》し給《たま》(ひ)けるにこそ

さて便宜《べんぎ》なりければ竹生島《ちくぶじま》へ詣《もう》で給《たま》ふ 崎岸高《きがんたか》く峙《そばだ》てる 垂跡威徳《すいじゃくいとく》の余《よ》に超《こ》(え)たる事《こと》をかたどり 湖《こ》水深《すいふか》(く)湛《た》(へ)たる 本地弘誓《ほんじぐぜい》のあさからざる事《こと》を表《ひょう》するものをや 昔 都良香此《むかしみやこのよしかこ》(の)島《しま》へ詣《もう》(で)給《たま》(ひ)て眺望《ちょうぼう》の幽奇《ゆうき》にたえず 三千世界眼前尽《さんぜんせかいがんぜん(に)つ(きぬ)》と詠《えい》じて下句《しも(の)く》を案《あん》じ煩《わずら》(ひ)けるに 神殿《しんでん》より十二因縁心中空《じゅうにいんねんこころ(の)うち(に)むな(し)》とつけさせ給《たま》(ひ)ける事思《ことおも》(ひ)出《い》(で)られ侍《はべ》り 爰《ここ》(に)常住等聖《じょうじゅうらひじり》の参詣《さんけい》を感嘆《かんたん》して巌《いわ》飛《とび》などいふ水練《すいれん》して見《み》せ奉《たてまつ》りければ 人々珍《ひとびとめずら》(し)き事《こと》にぞ申《もう》(し)合《あ》(ひ)ける かくて霞《かすみ》を分《わ》(け)浪《なみ》をしのぎて朝妻《あさづま》につき給《たま》(ひ)ぬ一宿《いっしゅく》を経《へ》て小野社壇《おののしゃだん》に参詣《さんけい》(し)給《たま》(ひ)き 当社《とうしゃ》は称徳天皇御宇《しょうとくてんのうぎょう》此所《ここ》より霊《れい》光《こう》の瑞《ずい》ありて遥《はるか》に王城《おうじょう》を照《て》(ら)す 仍《よっ》(て)勅使《ちょくし》を被立《こうぶりた》て天平神護元年四月中寅《てんぴょうじんごがんねんうづきちゅうとら》に大菩薩《だいぼさつ》を奉二勧請一《かんじょうたてまつる》云云 さて十余日参籠《じゅうよにちさんろう》の間霊夢以下《あいだれいむいか》の奇特数《きとくかず》をしらず 其《そ》(の)後羽田社《のちはねだのやしろ》におはしける時花《ときはな》ふり紫雲立《しうんた》(ち)しかば諸人随喜《しょにんずいき》せずといふ事《こと》なし 小野大菩薩聖《おのだいぼさつひじり》を召請《しょうじょう》(し)給《たま》(ふ)よし風聞《ふうもん》せし程《ほど》に国《こく》中《ちゅう》の諸社《しょしゃ》より面々《めんめん》に請《しょう》じ奉《たてまつ》りにけり いと不思議《ふしぎ》なりける事《こと》にや

或時《あるとき》よみ給《たま》(ひ)ける

のがれぬと おもふみやまの おくまでも

げにはうき世《よ》の　ほかならばこそ

《絵》

《語句》

○あらちの山《やま》…『万葉集』に、八田の野の浅茅色づく有乳山《あらちやま》峯の沫雪寒く降るらし、という歌がある。愛発関が設置された（歌枕）○都良香《みやこのよしか》…平安前期の歌人・文人。文章《ぶんしょう》博士。「文徳《もんとく》実録」の編纂に参加。「都氏文集」がある（八三七〜八七九）○巌飛《いわとび》…日本泳法の神伝流飛込術。高所から深水に飛び込む法

《現代語訳》

同（正安）四年（一三〇二）春、真教聖は越前国敦賀（現、福井県敦賀市）でまた日々をお過ごしになっていると、江州（近江国、現、滋賀県）小野社（大津・小野神社か高島市杵島神社を比定）の神主実信が霊夢のお告げがあったと書札を送ってきた。その書札には、一月二十八日の寅の刻（午前四時）夢の中で、当社御宝殿の正面御戸が押し開かれると、金色の光明が内外に輝いた。御殿の中から上品な御声がしておっしゃられたことには、「諸国修行の念仏勧進の聖である他阿弥陀仏は、権化の人である。汝は、かの上人を当社へ招請せよ、我結縁すべきである」などと示したまわれたことが子細に書いてあった。よって真教聖は、神託ならば速やかに請に応じることを返信して、三月四日に江州へ向かわれた。今は山頂の淡雪も残っていない頃だが、やはり風はあらちの山（有乳山・愛発山）と思われる場所を過ぎて、海津（現、滋賀県高島市）の浜にお着きになると、迎えに船が来たので九日に出発された。昨日は北に向かって吹いていた風が今日は

南に変わり、風帆によって南に行くことができるのは、全て神の威光によって真教聖が擁護されたからである。そうした便宜があり、竹生島へ参詣された。崎岸は高くそびえたっていた。垂迹の威徳が余りに超えているることを象徴しているように、湖水は深く湛えている。湖水の深さは、本地弘誓が浅くないことを表しているものであろうか。昔、都良香はこの島を参詣されて、眺望の幽奇に堪えず三千世界眼前に尽きぬと詠じて、下の句を案じ煩っていると、神殿より十二因縁心の中に空しと教えられたことを思い出された。ここに常住の人たちは、真教聖の参詣を感嘆し、巌飛などの水練を披露したので、人びとは珍しいことだと言い合った。このようにして霞をかき分け、波をしのいで、朝妻（現、滋賀県米原市朝妻）にお着きになり、一宿を経て小野神社に参詣された。当社は称徳天皇の時代、ここから霊光の奇瑞を、遥か遠い王城（御所）へ照らした。そのために勅使をお立てになって天平神護元年四月中寅に小野大菩薩を勧請されたそうだ。そうして十日余り参籠の間、霊夢などの奇特はとても多かった。その後羽田神社（現、滋賀県東近江市羽田）にいらっしゃる時に花が降り紫雲が立ったので、諸人が随喜しないということはなかった。小野大菩薩が真教聖を召請されたことが噂になったので、近江国中の諸社よりそれぞれ招かれるようになった。非常に不思議なことである。

ある時お詠みになった。

のがれぬと　おもふみやまの　おくまでも
げにはうき世の　ほかならばこそ

（この世から逃れたと思って山の奥深くまで入っても、現実にはそこも浮世の外ではないのだから）

《絵》

第三段

《原文》

同国小蔵律師《どうこくおぐらのりっし》なにがしとかやいふ人聖《ひとひじり》に見参《げんさん》して念仏法門領解《ねんぶつほうもんりょうげ》して後《のち》　或時往生浄土《あるときおうじょうじょうど》の用心聊《ようじんいささ》（か）注《しる》（し）給《たま》（は）らむと申《もう》（し）ければ書《か》（き）てつかはされける

三界者衆苦《さんがいはしゅく》の住処《すみか》　身《み》（は）即《すなわ》（ち）苦《く》のあるじなり　財宝《ざいほう》は煩悩《ぼんのう》の所依心《しょえしん》　又欲《またよく》の源也《みなもとなり》　六道四生《ろくどうししょう》の枢《とぼそ》を出《い》（で）ずしては争《いかで》か四苦八苦《しくはっく》の家《いえ》をいとはむ　心《こころ》を花《はな》にとゞむれば名残《なごり》を木《き》の本《もと》にのこして又《また》こむ春《はる》をまつ輪廻《りんね》こゝに絶《た》（え）ず　思《おも（い）》を月《つき》にかくればおもかげに夜《よ》の雲《くも》を厭《いと》（ひ）てとゞまらぬ秋《あき》をおしむ　妄愛弥々深《もうあいいよいよふか》（か）《（ママ）》し　衆生転回《しゅじょうりんね》の迷《まよ（い）》はいつをか始《はじ（め）》としいつをか終《おわ（り）》とせむ　生《しょう》を生《しょう》のはじめとせむとすれば生《しょう》の始《はじ（まり）》にもまどひぬ　死《し》を死《し》のをはりとせむとすれば死《し》の終《おわ（り）》にもくらし　恩愛離別《おんないりべつ》の歎《なげ（き）》の煙《けむり》心《こころ》の上《うえ》におほへば愁歎《しゅうたん》の炎肝《ほのおきも》をこがさずといふ事《こと》なく　生死到来《しょうじとうらい》の悲《かな》（しみ）の風《かぜ》　病《やまい》のゆかにさはげば　無常《むじょう》の刀《かたな》心《こころ》をきらずといふ事《こと》なし　適々穢土《たまたまえど》を厭離《おんり》せんとすれば其《そ》（の）体《たい》を執《しゅう》して其《そ》（の）影《かげ》を別《わか》（れ）むとするがごとし　いづくにてかこれを離《はな》（る）べき　山又山《やままたやま》の奥《おく》までもます〳〵浄土《じょうど》を欣求《ごんぐ》せ

むとすれば我身《わがみ》をわすれてわが身《み》をもとめむとするに似《に》たり　いづくにてかこれをねがひ得《え》む西猶《にしなお》にしのさかひまでも身《み》は水《みず》の上《うえ》の泡《あわ》の浪《なみ》にたゞよふよりもたのみなくいのちは空中《くうちゅう》のまぼろしの目《め》をまじろがせばむなしきがごとし　不レ如《しかず》業障《ごうしょう》の身命《しんみょう》を弥陀《みだ》に回向《えこう》して本願《ほんがん》の名号《みょうごう》をとなへんには　称名念仏《しょうみょうねんぶつ》の行者《ぎょうじゃ》をば六方恒沙《ろっぽうこうじゃ》の諸仏《しょぶつ》も光《ひかり》をならべて護念《ごねん》し信心決定《しんじんけつじょう》の人《ひと》をば天魔波旬《てんまはじゅん》もいかりを翻《ひるが》（へ）して讃歎《さんたん》す　早《はや》(く)一心《いっしん》に念仏《ねんぶつ》して畢命《ひつみょう》を期《ご》とすべし

《絵》

《語句》

○天魔《てんま》…十魔・四魔の一種。仏道の妨げをなす第六天の魔王のこと。天使魔　○波旬《はじゅん》…梵語 papiyas の転訛。殺者・悪者と訳す。悪魔の名

《現代語訳》

同国小蔵（現、滋賀県大津市小椋か、東近江市小倉か）のなにがしとかいう律師が真教聖に見参して、念仏法門を領解した後のある時、往生浄土の用心を少し書いていただきたいと申したので書いて送った。

三界は諸々の苦しみの住処である。身はすなわち苦しみの主体であり、財宝は煩悩の所依心、また欲の根源である。六道四生の扉を出ないでいてはどうして四苦八苦の家を厭うであろうか。心を花に留め、名残

を木の本に残し、また来る春を待つ。輪廻はここに絶えることがない。思いを月に馳せれば、その面影に夜の雲を厭い、留まることのない秋を惜しみ、盲愛はいよいよ深くなる。衆生輪廻の迷いはいつを始めとして、いつを終わりとするのであろうか。生を生の始めとするとするならば、生の始めにも迷ってしまう。死を死の終わりとするならば、死の終わりも分からない。恩愛離別の歎きの煙が心の上を覆えば、愁歎の炎が肝を焦がさないということはなく、生死到来の悲しみの風が病床で騒げば、無常の刀は心を切らないことはない。たまたま穢土を厭離しようとすれば、自らの体に執着して、自らの影と別れようとするようなものである。これをどこに離れるべきであろうか。山また山の奥までもより一層浄土を求めようとすれば、わが身を忘れてわが身を求めようとすることのようだ。これをどこに願い得るだろうか。西のさらに西の境までも、身は水の上の泡の浪に漂うよりも頼りなく、命は空中の幻の目を瞬きさせるように無常なことである。業障の身命を阿弥陀仏に回向して本願の名号を称えることは、称名念仏の行者を六方恒沙の諸仏も光を並べて護念し、信心の決まった人は天魔波旬でさえも怒りを改めて讃歎する。早く一心に念仏をして臨終を待つべきである。

《絵》

一遍上人縁起絵第十

第一段

《原文》

同年八月十五日《どうねんはづきじゅうごにち》摂津国兵庫島《せっつのくにひょうごのしま》へつき給《たま》（ふ）　沙村《しゃそん》かさなりて衢《ちまた》をならべ河海《かかい》湛《たた》（へ）　派《みなまた》をさかふ　銭塘三千《せんとうさんぜん》の宿　眼《しゅくまなこ》の前《まえ》に見《み》るが如《ごと》し　范蠡五湖《はんれいごこ》の泊　心《とまりこころ》の中《なか》に思《おも》（ひ）知《し》らる　治承《じしょう》の此新都《ころしんと》を立《た》（て）られし福原《ふくはら》の京《みやこ》とは此所也《このところなり》　翠華来《すいかきた》らずして歳月久《さいげつひさ》（しく）積《つも》りぬれば玉《ぎょく》の甃　空《いしだたみむな》（し）き跡《あと》をのみのこして瓦《かわら》の松其《まつそ》（の）名残《なごり》さへなくなりにたり　時遷《ときうつ》（り）事改《ことあらたま》るありさま無常《むじょう》の堺《さかい》をいとひ不退《ふたい》の土《ど》を欣《よろこ》（ふ）たよりなるべし　さて故上人《こしょうにん》の御影堂《みえいどう》にまうで、瞻礼《せんらい》し給《たま》（ふ）に　平生《へいぜい》のすがたにたがはねば在世《ざいせ》のむかし思《おも》（ひ）出《い》（で）られて懐旧《かいきゅう》の涙《なみだ》せきあへず　十念《じゅうねん》の間　称　名《あいだしょうみょう》の声《こえ》もとゞこほり給《たま》（ふ）程《ほど》なれば時衆《じしゅう》の僧尼《そうに》を　始《はじ(め)》として結縁《けちえん》の道俗《どうぞく》に至《いた》（る）まで悲歎《ひたん》の涙《なみだ》たもとをうるをし　傷嗟《しょうさ》の声耳《こえみみ》にみてり　さても今年《ことし》は上人十三回《しょうにんじゅうさんかい》の忌辰《きしん》なり　聖《ひじり》もとより念仏弘通《ねんぶつぐつう》をさきとして　去留心《こるこころ》に定《さだ》（め）ざれば機《き》に随《したが》ひ縁《えん》に趣《おもむ》（き）て勧進《かんじん》し給《たま》（ふ）ほどに　其《そ》（の）日《ひ》をさして必《かなら》（ず）しも此所《このところ》へ思《おも》（ひ）給《たま》はざりけるに今月《こんげつ》にしもをのづからめぐりつき給《たま》へる　真実報恩《しんじつほうおん》の　志　感応《こころざしかんのう》しけりとぞの給《たま》（ひ）ける　自然流入薩婆《じねんるにゅうさはん》若海《にゃかい》のことはりも思《おも》（ひ）しられて貴《とうと》く覚《おぼ》（え）侍《はべ》り　同十七日《どうじゅうしちにち》より観音堂《かんのんどう》にて七日《しちにち》の別時《べつじ》を始行《しぎょう》し給《たま》（ふ）

結縁値遇《けちえんちぐう》の道俗遠近親疎《どうぞくおんごんしんそ》の往詣《おうけい》までも各々勇猛《おのおのゆうみょう》の 志《こころざし》を一《いつ》にして共《とも》に慇懃《おんごん》の回向《えこう》を致《いた》す 其《そ》(の)行儀《ぎょうぎ》の次第昼夜十二時《しだいちゅうやじゅうにじ》に詰番《つめばん》して一時《いちじ》に数十人《すうじゅうにん》の時衆《じしゅう》を定《さだ》む 調 声《ちょうしょう》は上人在世《しょうにんざいせ》より聖一人《ひじりひとり》つとめられけるを 正応六年武州村岡《しょうおうろくねんぶしゅうむらおか》にして病悩危急《びょうのうききゅう》におはしける時《とき》 人々《ひとびと》いたはり申《もう》(し)ければそれよりぞ始《はじ(め)》て時衆《じしゅう》の中《なか》に勤《つと》(め)侍《はべ》(り)ける しかるに参詣《さんけい》の人申《ひともう》(して)云《いわ》(く) 行法《ぎょうほう》はいつもの御事《おんこと》と申《もう》(し)ながらこれは故上人御往生《こしょうにんごおうじょう》のとし月《つき》にも相当《あいあた》(り)給《たま》へり 道場《どうじょう》も又《また》むかしにかはらぬ跡《あと》なりとてしきりにすゝめ申《もう》(し)ける 間 聖 調 声《あいだひじりちょうしょう》をつとめらる 行業功《ぎょうごうこう》つもり薫修徳《くんしゅとく》たけて弥々信心《いよいよしんじん》を催《もよお》す在世《ざいせ》のいにしへ今更思《いまさらおも》ひ出《い》(で)給《たま》(ひ)けるにや そぞろに落涙《らくるい》し給《たま》(ひ)けるを見《み》たてまつるに 心《こころ》あるも心《こころ》なきも涙《なみだ》をながし袖《そで》をしぼらぬたぐひはなかりけるとぞ 凡《およ》(そ)錚々《そうそう》たる金磬《きんけい》の響《ひびき》の中《なか》に同心称 名《どうしんしょうみょう》の声雲《こえくも》をうがち片々《へんぺん》たる香煙《こうえん》の薫《くん》ずる所《ところ》に 大衆踊躍《だいしゅゆやく》の行地《ぎょうち》もとゞろくばかり也《なり》 天衆《てんしゅ》も定《さだ》(め)て影向《ようごう》をたれ地《ち》神《じん》も争《いかで》(か)随喜《ずいき》し給《たま》はざらむと覚《おぼ》ゆ 于レ時秋已《ときにあきすで》に半《なか》(ば)たけて夜《よる》のむし恨《うら》(み)ねむごろに風《かぜ》のをとや、身《み》にしみて 暁《あかつき》の露《つゆ》たもとをうるほす 蒼波漫々《そうはまんまん》として紺目四大海《こんもくしだいかい》の観《かん》こらさゞるにをのづから心《こころ》にうかぶ 青山峨々《せいざんがが》として白豪五須弥《びゃくごうごしゅみ》の相《そう》おもはざるに猶眼《なおまなこ》にさいぎる 緑 松枝《りょくしょうえだ》をまじへて宝樹檀林《ほうじゅだんりん》の粧《よそおい》をかり衆鳥 汀《しゅちょうみぎわ》にたはぶれて鳧雁鴛鴦《ふがんえんのう》の 囀《さえずり》をうつす おきつなみまにいざり火《び》の影《かげ》のほのめくにつけては苦海沈淪《くかいちんりん》のたぐひをあはれみ 入江《いりえ》のほとりに秋《あき》の月《つき》の白《しろ》きをみても 聖 衆倶会《しょうじゅくえ》の楽思《らくおも》(ひ)やらるすべて所《ところ》を得《え》たる勤修《ごんしゅう》おりにあへる行法《ぎょうほう》 事《こと》にふれて信《しん》をもよをさずといふことなし この時聖《ときひじり》よみ給《たま》(ひ)ける

わすれめや　秋《あき》をかぎりの　浮雲《うきくも》に
そらがくれせし　月《つき》のおもかげ

めぐりあふ　おなじ日数《ひかず》は　秋《あき》ながら
又《また》みぬ月《つき》の　くもがくれ哉《かな》

おほよそ報恩《ほうおん》の間《あいだ》別時《べつじ》の程《ほど》貴賤《きせん》の結縁《けちえん》道俗《どうぞく》の値遇《ちぐう》其（の）数《かず》をしらず　あさけにいづる旅客《りょかく》も征馬《せいば》をとゞめて必《かなら》（ず）十念《じゅうねん》の名号《みょうごう》をうけ　夕《ゆうべ》に帰《かえ》る浦人《うらびと》も漁舟《ぎょしゅう》をすてヽ先《ま》（づ）十指《じっし》の掌《たなごころ》をあはす　倩々《つらつら》末法万年《まっぽうまんねん》の利益《りやく》をおもふに　専《もっぱ》（ら）師資《しし》二代《にだい》の弘通《ぐつう》にさかりなるものをや不レ知《しらずに》大権《だいごん》の薩埵《さった》仮《かり》に胎蔵《たいぞう》の生《しょう》を受《う》（け）て有縁《うえん》の衆生《しゅじょう》を度《ど》する歟《か》　又不レ知《またしらずに》弘経《ぐきょう》の大士《だいし》暫《しばら》（く）穢土《えど》の報《ほう》を感《かん》じて無量《むりょう》の群類《ぐんるい》を救《すく》（ふ）歟《か》　抑々如来在世《そもそもにょらいざいせ》にも時所相応《じしょそうおう》して法《ほう》をとき給《たま》（ふ）とぞ経《きょう》にも見《み》えて侍《はべ》る　然者滅後《しかればめつご》の遺弟報恩《ゆいていほうおん》の勤《つと》（め）も時処相応《じしょそうおう》して感応《かんのう》あるべき趣《おもむき》この時思《ときおも》（ひ）あはせらるヽよし人々申《ひとびともう》（し）あへり　惣《すべ》て浄戒持律《じょうかいじりつ》の僧侶《そうりょ》より破戒無慚《はかいむざん》の男女《なんにょ》に至《いた》（る）まで信力人《しんりきひと》の命《いのち》を兼《か》（ね）ず　恭敬《くぎょう》わが心《こころ》よりおこれり清浄無漏《しょうじょうむろ》の結縁《けちえん》なるべし　最初引接《さいしょいんじょう》の悲願《ひがん》たのみあるもの歟《か》

《絵》

《語句》

○兵庫島《ひょうごのしま》…大輪田泊。古代・中世、摂津の和田岬の北側にあった港。五泊の一。現在の神戸港の前身。輪田泊。

のち兵庫島・兵庫津と称す　○銭塘《せんとう》…銭塘江。中国、浙江省の北西部を流れる大河。浙江・江西両省の境の仙霞嶺山脈に発源し、杭州湾に注ぐ。河口の三角江には、定時に海嘯《かいしょう》があり壮観。浙江　○范蠡《はんれい》…中国春秋時代の越王勾践《こうせん》の功臣。楚の人。会稽《かいけい》の戦に敗れた勾践を助けて呉王夫差《ふさ》に復讐させた。のち野に下り、巨万の富を得、陶朱《とうしゅ》公《こう》と称された　○五湖《ごこ》…西湖《せいこ》。中国浙江省杭州市の西にある湖。沿岸に丘陵をめぐらし、湖中に島・堤があり、付近に丘飛の墳など古跡が多く、西湖十景でも知られる　○福原《ふくはら》…治承四年（一一八〇）平清盛が安徳天皇を奉じて一時新都とした地。公家たちの反対が多く半年で京都に復帰。現、兵庫県神戸市兵庫区　○翠華《すいか》…中国で、昔、旗の上のかさを翡翠《かわせみ》の羽で飾ったという天子の旗　○瓦《かわら》の松《まつ》…屋根瓦の上に生える植物。また古びた家の形容にいう　○御影堂《みえいどう》…西月山　真光寺。神戸市兵庫区。兵庫道場。一遍上人廟所。もと和田岬の光明福寺の観音堂、正応二年（一二八九）八月二十三日宗祖一遍上人この地で示寂　○真実報恩《しんじつほうおん》…ほんとうに恩に報いること。「流転三界中　恩愛不能断　棄恩入無為　真実報恩者」（親子の情を捨て出家することが、結局、真に親の恩に報いるゆえんであるということ）○薩婆若《さはんにゃ》…一切智。すべてを知る人。一切智者。全智者。仏のこと。「さつばにゃ」「さばにゃ」とよむ。『時宗法要規範』「要懺悔」では「さはんにゃ」と読誦する　○詰番《つめばん》…詰時と同義に解する場合もある。詰時は別時念仏会中、「番帳」にしたがって、「報土入り」して、時を詰めること。番帳役の呼び出しにしたがって、一番から十八番まで順次に報土に入り知識（上人）の前に進み、三礼のあと座禅を組み、別時念仏会合唱の内に臨終の思いに住し、知識の御十念を頂いて、「臨終の式」を受けることをいう　○正応六年《しょうおうろくねん》（一二九三）…『縁起絵』第七では、永仁六年（一二九八）、武州村岡にて、所労のため病床につき臨終を覚悟し、時衆のために『他阿弥陀仏同行用心大鋼』を書き残すとある。（『縁起絵』第七記載）○四大海《しだいかい》…須弥山の四方にある大海をいう。「仏身観」（『観無量寿経』）に見える　○白豪五須弥《びゃくごうごしゅみ》の相《そう》…須弥山を五つ合わせるほど大きな白豪相のこと。白豪相とは、仏の三十二相の一つ。白毛の右巻きのかたまり。眉間にある白色の旋毛（巻き毛）で右に回っていて、光明を放つともいう。須弥山とは、古代インドの神話によれば世界の中心に高くそびえる巨大な山のことで、仏教の宇宙観によれば、大海の中にあって、金輪の上にあり、その高さは水面から八万ヨージャナ（由旬）あって環状の七山八海が同心円状にとりまいている　○宝樹檀林《ほうじゅだんりん》…浄土の宝樹が生い茂り、僧が集い学問する場所のこと。宝樹とは、珍しい宝からなる樹で、浄土の草木をいう。檀林とは、栴檀林《せんだんりん》の略。僧が集まって学問する場所をいう　○鳧雁鴛鴦《ふがんえんのう》…かも、かり、おしどり。ここでは、浄土に生息する鳥類を表す　○聖衆倶会《しょうじゅくえ》の楽《らく》…極楽で受ける十楽の第七。極楽では常に無数の聖衆が一処に会合して、互いに語をまじえ、法楽を得ることをいう。『定本時宗宗典』では楽（しみ）とあるがここでは楽《らく》とする　○報恩《ほうおん》…ここでは、一遍上人のご命日八月二十三日を中心に一週間（恒例八月ノ別時勤行）、各道場で念仏し報恩の誠をささげることを指す　○末法万年《まっぽうまんねん》…末法、濁り世。末《すえ》の世。仏滅後、最初の千年（五百年ともいう）を正法、次の千年を像法、その後の一万年を末法という。『安楽集』等には、「末法一万年」とある

《現代語訳》

正安四年（一三〇二）八月十五日、真教聖は摂津国兵庫島（現、神戸市兵庫区）へお着きになった。砂地に集落が並び街をつくり、河と海は水を満たし波が海から河へと逆流する。銭塘江の三千の宿を目の前に見るかのようであり、銭塘江で范蠡が五湖に舟を浮かべた故事を、真教聖は心の中で思われた。治承の頃、平清盛が新都とされた福原京とはこの場所である。翠華（天皇）が来ないまま長い歳月を経たので、美しい石畳はむなしく跡だけを残し、草木が荒れ果て、その名残さえなくなっていた。時が移り、世の中の事が改められ、無常の境地を厭い、不退の土を欣ぶ方便になったに違いない。

さて、真教聖は故上人（一遍聖）の御影堂（現、神戸市兵庫区 真光寺）に参詣し、尊像を仰ぎ見上げると、生前の一遍聖のお姿と変わらないので、御存命の頃を思い出され、懐かしさのあまり涙をこらえられなかった。真教聖は十念を称える間、称名の声も滞るほどだったので、時衆の僧尼をはじめとして結縁の道俗に至るまで、悲歎の涙はたもとを湿らせ、傷嗟の声に包まれた。ところで、今年は故上人（一遍聖）の十三回忌である。真教聖はもともと念仏弘通を第一とし、去留をお心に定めていなかったので、機縁に応じて念仏勧進されていた。だから別段、一遍聖の御命日に、御影堂へ行くことを、必ずしも意図していたわけではなかったが、今月ちょうどめぐり着かれた。真教聖は真実報恩の志を感応したとおっしゃり、自然流入薩婆若海のことわりを思われて、貴く感じられた。

同（正安四年八月）十七日より観音堂で七日間の別時念仏会の修行を始められた。結縁値遇の道俗時衆や遠近親疎の往詣までも、勇猛精進の志を一つにして、ともに慇懃の回向を行った。その別時念仏会の行儀次第は、昼夜十二時に詰番をして一時に数十人の時衆を定めた。調声は、故上人（一遍聖）在世の頃より真教聖がお一人で勤められていたが、正応六年（一二九三）、武蔵国村岡（現、埼玉県熊谷市村岡）にて、病に苦しみ危篤に陥られた時、人びとが安静を願ったので、その時より初めて時衆の中の者が調声を勤めるようになった。ところで、参詣の人が申し上げるには、「別時念仏会の行法はいつもの御事と言いますが、本日は故上人（一遍聖）の御往生の祥当忌にまさにあたっています。道場もまた昔と変わらない場所です」と言って、しきりに調声を薦められたので、真教聖は調声を勤められた。行業の功が積もり、薫修の徳がたけ、ますます信心をうながすように一遍聖の在世の頃を今改めて思い出されたのであろうか。真教聖が思いがけず落涙されるのを拝見し、情の有無にかかわらず、涙を流し袖を濡らさない者はいなかった。そもそも、錚々たる金磬の響きの中に、同心称名の声が雲を穿ち、片々たる香煙が薫ずる所に、時衆の踊躍念仏の行が地にも轟くほどであった。天衆も定めて影向し、地神も必ず随喜されるであろうと思われた。時に、秋すでに半ばを過ぎ、夜の虫は悲しげに鳴きたて、風の音はいくらか身にしみ、暁の露はたもとをしめらす。蒼波は漫々として、紺目は四大海の観を凝らさなくとも、自ら心に思い浮かぶ。青山は峨々として、白豪五須弥の相を思わなくとも、自ら眼に現れる。緑松は枝を茂らせ、まるで宝樹檀林のおもむきを借景として、たくさんの鳥は渚に戯れ、鳧雁鴛鴦のさえずりの様子をうつしている。沖の波間に漁り火がほのめくのを見るにつけては、苦海沈淪の人びとを憐れむ。入江のほとりに秋の月が白く光るのを見ても、聖衆倶会の楽を思いやるようになる。すべての要所を押さえて、機縁に適った法要は、事にふれて信心を催さないということはない。この時、真教聖が詠まれた。

わすれめや　秋をかぎりの　浮雲に
　そらがくれせし　月のおもかげ
(忘れるわけなどないであろう。故一遍聖御臨終のあの秋の日の空には浮雲が漂い、空が暮れてくると、月の面影が見えてきたが、あの日、心細い思い〈浮雲〉をしながら、故一遍聖の面影〈月影〉を思い浮かべていた)

めぐりあふ　おなじ日数は　秋ながら
又みぬ月の　くもがくれ哉

（故一遍聖とめぐりあって共にすごした日数と同じ日数がすでに経過したが、お別れした秋の日のままのようで、雲隠れした月を再び見ることができないように、故一遍聖にもお会いできないものか）

おおよそ、故一遍聖への報恩の別時念仏会において、身分の隔てなく結縁した値遇の道俗時衆は数えきれないほどであった。朝方出立する旅客も征馬を止め、必ず真教聖から十念の名号をうけ、夕方に帰宅する漁師も漁舟から手を離し、まずは手を合わせた。よくよく末法万年の利益を思うに、一遍・真教二代の弘通により、盛んになったのであろう。定かではないが、大権の薩埵が仮に胎蔵の生を受けて、有縁の衆生を済度するのであろうか。また、定かではないが、弘経の大士がしばらくの間、穢土の業報を感じて無量の群類を救うのであろうか。そもそも、釈迦如来の在世にも、時と場所に応じて法を説かれたと経にも見られるのである。そうであるから、滅後の遺弟が報恩の勤めにも時と場所に応じて感応すべきである様子をこの時、思い合わせながら、人びとが互いに話し合った。すべては、浄戒持律の僧侶から破戒無慚の男女に至るまで、信力を備えた人は、臨終を心配することなく、恭敬が自らの心から起こり、その心は清浄無漏の結縁となる。まずは、弥陀引接の悲願を頼むことであろうか。

《絵》

第二段

《原文》

乾元元年秋《けんげんがんねんあき》の比《ころ》　武州浅提《ぶしゅうせんだい》といふ所《ところ》におはしけるに又小野社《またおののやしろ》神主実信《かんぬしさねのぶ》于時出家法名願阿進状《しんじょう》（に）云《いわ》（く）　去年《こぞ》九《なが》月《つき》二十四日夜《にじゅうよっかのよ》夢想《むそう》（に）云《いわ》（く）　聖《ひじり》当社《とうしゃ》に参詣《さんけい》（し）給《たま》（ひ）て御宝殿《ごほうでん》の大床《おおゆか》へのぼり給《たま》（ふ）に禰宜《ねぎ》安重《やすしげ》外陣《げじん》の妻戸《つまど》のまへに畳《たたみ》をしけり　彼《か》（の）妻戸《つまど》をうしろにあて丶座《ざ》（し）給《たま》（ひ）て十念《じゅうねん》唱《とな》（へ）給《たま》（ふ）処《ところ》に御正体一面《みしょうたいいちめん》上人《しょうにん》の左《ひだり》の袂《たもと》に落《お》（ち）かゝり給《たま》ふ　安重御殿《やすしげごでん》の妻戸《つまど》よりいで丶大床《おおゆか》に侍《はべ》（り）て申《もう》（して）云《いわ》（く）御神体《ごしんたい》は一《いち》の御箱《おんはこ》を社《やしろ》の箱《はこ》と点《てん》じて　かの箱《はこ》におさまりて道場《どうじょう》の守護神《しゅごしん》となるべしとちかひ給《たま》（ひ）て　上人《しょうにん》の袖《そで》に飛《と》（び）移《うつ》（り）たまふなりと申《もう》（す）間《あいだ》かの御正体《みしょうたい》を十二光《じゅうにこう》の一箱《いち（の）はこ》におさめたてまつると見《み》て夢覚《ゆめさ》（め）畢《おわ》（んぬ）要取　霊夢厳重《れいむげんじゅう》なりといへども自然《じねん》に月日《つきひ》を送《おく》（る）処《ところ》に　今年九月八日夜《ことしながつきようかのよ》寅剋《とらのこく》又《また》ゆめに願阿社参《がんなしゃさん》するに耆年《きねん》の僧一人現《そうひとりげん》（じ）て云《いわ》（く）　聖《ひじり》の行法《ぎょうほう》他《た》に異《こと》なり仏法《ぶっぽう》の守護神《しゅごしん》となりて彼《か》（の）道場《どうじょう》をかゞやかさむために厳重《げんじゅう》に所示也《しめすところなり》　御正体《みしょうたい》を今《いま》までかゝへおしみ奉《たてまつ》（る）條《じょう》不レ被二心得一《こころをえられず》云云　此《こ》（の）時《とき》身心《しんしん》恐怖《くふ》して夢覚《ゆめさ》（め）畢《おわ》（んぬ）　仍《よっ》（て）御正体一面《みしょうたいいちめん》八乙女《やおとめ》の絵《え》一枚《いちまい》送《おく》（り）進《すす》（め）候《そうろう》　任二先度夢想一《せんどのむそうにまかせて》一乃御箱《いちのおんはこ》に可二納給一《おさめたまふべし》と申《もう》（し）侍《はべ》る間《あいだ》　任二紀文一奉レ納《きぶんにまかせておさめたてまつり》き　昔行教和尚金剛般若《むかしぎょうきょうかしょうこんごうはんにゃ》を講《こう》読《どく》し給《たま》（ひ）しかば宇佐八幡宮《うさはちまんぐう》其《そ》（の）信心《しんじん》の堅固《けんご》なる事《こと》を感《かん》じて本地《ほんじ》の三尊《さんぞん》忽《たちまち》に袂《たもと》に現《げん》（じ）給《たま》（ふ）即《すなわ》（ち）彼《か》（の）御体《ごたい》を石清水《いわしみず》に奉レ遷《うつしたてまつり》き　今上人専修正行《いましょうにんせんじゅしょうぎょう》の徳用《とくゆう》を施《ほどこ》し給《たま》（ふ）　小野大菩薩《おのだいぼさつ》其《そ》（の）行化《ぎょうけ》

時《じ》の真実《しんじつ》なるに応《おう》じて垂迹《すいじゃく》の御体《ごたい》正《まさ》(し)く袖《そで》にか丶り給《たま》(ふ)

仍《よっ》(て)御正体《みしょうたい》を十二光《じゅうにこう》の箱《はこ》に奉《おさめたてまつ》レ納り　代遥《だいはるか》に隔《へだ》(た)れりといへども感応《かんのう》の不思議《ふしぎ》これひとしき者歟《ものか》

《絵》

《語句》

○武州浅提《ぶしゅうせんだい》…現在地未詳。現、東京都台東区浅草付近か埼玉県熊谷市千代付近と推定される。「他阿上人和歌集」（『他阿上人法語』所収）には、「武蔵ノ国石浜ノ道場ニテ八月ノ別時勤行有ケル時、フル事ヲ思出テヨミ給ヒケル」とあり、『一遍聖絵』巻五に「武蔵国石浜にて時衆四五人やみふしたり」とある　○大床《おおゆか》…神社の本殿の縁、浜床《はまゆか》に対していう。寝殿造り・武家造りで、広庇《ひろびさし》のこと　○御正体《みしょうたい》…本体。まことの身。懸仏《かけぼとけ》に同じ。鏡を示す円板に仏像などを表して堂内にかけたもの。神社に奉納する鏡の面に本地仏を彫ったもの　○一《いち》の御箱《おんはこ》…御一《おいち》の箱《はこ》ともいう。一遍が遊行回国の途次必要な道具を入れ背負って歩いた十二光箱の一つで、その第一の箱のこと。また『時宗要義問弁』（『定本時宗宗典』下巻所収）には「十二光仏、その第一無量光仏の笈《おい》は即ち熊野神殿なり」と説き、遊行上人の巡化には、必ず熊野神（熊野大権現）の御神体を納めた一の御箱を奉持して回国した　○行教《ぎょうきょう》…生没年未詳。平安前期の大安寺の僧。石清水八幡宮の創立者。三論宗または法相宗を学び、伝燈大法師位となる。貞観元年（八五九）、清和天皇の即位に伴い、宇佐八幡宮に参籠して神託を得、山城男山に社殿を造り、八幡神を勧請し、石清水八幡宮とした。同三年に宇佐で『大般若経』などの講読を行ったという　○宇佐八幡宮《うさはちまんぐう》…宇佐神宮。大分県宇佐市南宇佐にある元官幣大社。祭神は、応神天皇・比売神《ひめがみ》・神功皇后。全国八幡宮の総本社で、古来尊崇された。社殿は八幡造の代表。豊前国一の宮

《現代語訳》

乾元元年（一三〇二）秋の頃、武州浅提という所に真教聖がいらっしゃった時、小野社神主実信（この時には出家して法名を願阿という）の追進状にこう書かれていた。去年九月二十四日夜の霊夢に見たことには、真教聖が当社に参詣なさり、御本殿の大床へのぼられたので、禰宜安重は外陣の妻戸の前に畳を敷いた。真教聖がその妻戸を背にして座られ、十念を唱えられているところに、御正体一面が真教聖の左の袂に落ちて垂れ下がった。安重は御殿の妻戸から出て大床に座り、真教聖に申し上げた。「御神体は、一の御箱を社に選び、その箱におさまり道場の守護神となろうと誓われて、真教聖の袖に飛び移られた」と申すので、かの御正体を十二光箱の一箱に納められたのを見て夢が覚めてしまった。その霊夢はおごそかであるとはいえ、自然に月日を送っていたところ、今年九月八日夜の寅刻（午前四時）、また、願阿は夢で社参すると、老僧一人が現れて次のように言った。「真教聖の行法は他と異なり、仏法の守護神となって、道場の威光を示すために、厳重にその場所を示したのである。御正体を今まで抱えて、惜しむ気持ちでおられたことは心得違いである」と。この時、身も心も恐怖し、夢から覚めてしまった。それゆえ、願阿は、御正体一面八乙女の絵一枚を献じたのである。「先ごろの霊夢に任せて、御正体を一の御箱にお納めください」と記されていたので、その書面通りに納められた。昔、行教和尚が『金剛般若経』を講読されていたので、宇佐八幡宮はその信心が堅固なことを感じ、本地の三尊がたちまちに行教和尚の袂に現れた。そこで、かの御体を石清水の地におうつしになった。今、真教聖が専修正行の徳用を施された。小野大菩薩は、その行化が真実であることに応じて垂迹の御体がまさしく真教聖の袖に垂れ下がられた。それゆえ、御正体を十二光箱の中に納められた。時代がはるかに隔たっているといえども、感応の不思議はあの時と同じであろうか。

《絵》

第三段

《原文》

嘉元元年臘月恒例《かげんがんねんろうげつこうれい》の別時《べつじ》は相州《そうしゅう》当麻《たいま》といふ所《ところ》にて修《しゅ》せられけるに　いつもの事《こと》なれば貴賤雨《きせんあめ》のごとく参詣《さんけい》し道俗雲《どうぞくくも》のごとく群集《ぐんじゅ》す　さて念仏結願《ねんぶつけちがん》の後《のち》　晦日《みそか》の　暁《あかつき》　元日《がんじつ》の朝《あした》大衆《だいしゅ》に対《たい》して法文《ほうもん》のたまふ事《こと》あり　一切衆生曠劫以来《いっさいしゅじょうこうごうよりこのかた》六趣《ろくしゅ》に輪廻《りんね》して或時《あるとき》は有頂《うちょう》の煙霧《えんむ》にまじはりて　併《しかしなが》（ら）有為《うい》の快楽《けらく》に愛着《あいじゃく》し或時《あるとき》は阿鼻《あび》の湯火《とうか》に咽《むせ》（び）て　鎮《とこしな》（へ）に無間《むけん》の懃苦《ごんく》に梵焼《ぼんしょう》す　此《こ》（の）故《ゆえ》に諸仏如来法性真如《しょぶつにょらいほっしょうしんにょ》のみやこをいで、　遥《はるか》に結縁引導《けちえんいんどう》の方便《ほうべん》をめぐらし　弥陀善逝《みだぜんぜい》は安養浄刹《あんにょうじょうせつ》の界《さかい》をこえてまのあたり来迎引接《らいこういんじょう》の本願《ほんがん》を発《ほっ》（し）給《たま》ふ　仏心者大慈悲是以㆓無縁慈㆒摂㆓諸衆生㆒《ぶっしんとはだいじひこれなりむえんのじをもってもろもろのしゅじょうをせっす》と云《い》へり　慈悲《じひ》とは観世音《かんぜおん》の体也《たいなり》　観音《かんのん》とは娑婆示現《しゃばじげん》の形也《かたちなり》　今大悲闡提《いまだいひせんだい》の願《がん》を発《ほっ》して済度衆生《さいどしゅじょう》にむかふ　われこそ観音《かんのん》なれとのたまふけるをめづらしき事《こと》のたまふものかなと人皆思《ひとみなおも》（ひ）あへりけるに　下野国《しもつけのくに》小野寺《おのでら》のなにがしとかやいふ人《ひと》のもとより不思議《ふしぎ》のゆめをみたりとて記文《きぶん》を送《おく》れり　其《そ》（の）詞《ことば》（に）曰《いわ》（く）　仏子某《ぶっしなにがし》去《さ》（る）二十七日夜《にじゅうしちにちのよ》の暁《あかつき》夢《ゆめ》に金色《こんじき》の阿弥陀仏《あみだぶつ》を拝《はい》す　傍《かたわら》に菩薩《ぼさつ》ましします大勢至也《だいせいしなり》　観世音《かんぜおん》のみえたまはぬ間《あいだ》いかなるいはれにて侍《はべ》(る)やらむと問《と》(ひ)たてまつるに　仏《ほとけ》のたまはく　観音《かんのん》をば済度利生《さいどりしょう》のために娑婆《しゃば》へつかはす其《そ》(の)名《な》を他阿弥陀仏《たあみだぶつ》と号《ごう》す　勢至《せいし》ぼさつをもつかはしたりき　一遍房《いっぺんぼう》といひしが還《かえ》(り)来《きた》れるなりと示《しめ》し給《たま》(ふ)云云記録雖レ及二委細一恐レ繁取レ要　聖《ひじり》の詞《ことば》にやがて符合《ふごう》しける間《あいだ》諸人弥々渇仰《しょにんいよいよかつごう》の首《こうべ》をかたぶけ道俗《どうぞく》ます〳〵随喜《ずいき》の涙《なみだ》をぞ流《なが》しける　昔空也上人夢《むかしくうやしょうにんゆめ》の中《なか》に極楽《ごくらく》へまうで給《たま》(ひ)たりけるに　中央《ちゅうおう》にむなしき華座《けざ》ありき　ことの故《ゆえ》を衆会《しゅえ》の聖衆《しょうじゅ》にとひ奉《たてまつ》り給《たま》(ひ)ければ此《こ》(の)国《くに》の教主《きょうしゅ》は阿弥陀仏《あみだぶつ》と申《もう》す　衆生利益《しゅじょうりやく》のために南閻浮提日本国《なんえんぶだいにほんこく》に出《い》(で)給《たま》へり　其《そ》(の)名《な》をば八幡大菩薩《はちまんだいぼさつ》と号《ごう》すとのたまひければ奇特《きとく》のおもひ骨髄《こつずい》にとをりて夢《ゆめ》さめ給《たま》(ひ)けるよし或旧記《あるきゅうき》に見《み》えたり　加レ之《しかのみならず》律宗《りっしゅう》には好想《こうそう》を見《み》て受戒《じゅかい》の得否《とくひ》をしり真言《しんごん》には霊夢《れいむ》をえて悉地《しっじ》の感応《かんのう》をあらはすといへり　異域《いいき》には漢明帝魯仲尼《かんのめいていろのちゅうじ》みなよるのゆめを用《もち》ひ紀里記王《きりきおう》の十夢《じゅうむ》　阿難尊者《あなんそんじゃ》の七夢《しちむ》　各々其《おのおのそ》(の)まことなる事《こと》をえたまへり　三国《さんごく》の例証一《ためししょういつ》にあらず　たれも疑《うたが》(ひ)を成《な》(す)べからざるをや　抑々弘安二年六月《そもそもこうあんにねんみなづき》より嘉元元年十二月《かげんがんねんしわす》に至《いた》(る)まで首尾二十七ケ年《しゅびにじゅうしちかねん》の間臨終《あいだりんじゅう》する時衆惣《じしゅうそう》じて二百六十九人也《にひゃくろくじゅうくにんなり》僧百四十一人尼百二十八人此《こ》(の)内制戒《うちせいかい》にそむく旨《むね》ありといへども回心《えしん》せざりける間《あいだ》　不レ遂二往生一《おうじょうをとげざ》るもの七人《しちにん》ありけるとなむ　縦《たと》(ひ)小罪《しょうざい》なりとも制戒《せいかい》にそむく事《こと》あらば尤《もっと》(も)回心《えしん》し侍《はべ》(る)べきものをや　そのほかの在家《ざいけ》の弟子非人《でしひにん》の類《たぐい》にいたるまで往生《おうじょう》をとぐるものその数《かず》をしるすにいとまあらず　昨日《さくじつ》は如来《にょらい》の滅後《めつご》にむまれたるかなしみを沙羅林《しゃらりん》の露《つゆ》にそへ今日《こんにち》は弥陀《みだ》の名号《みょうごう》にあへる悦《よろこ》(び)を歓喜樹《かんぎじゅ》の花《はな》に開《ひら》く今生《こんじょう》は穢土《えど》の終《おわ(り)》　聖衆来現《しょうじゅらいげん》の夕《ゆうべ》にはすみやかに無生即生《むしょうそくしょう》の往生《おうじょう》をとげ後世《ごせ》は浄土《じょうど》の始《はじ(め)》　蓮華初開《れんげしょかい》の朝《あした》には早《はや》(く)得二生即無生之法忍一者歟《しょうそくむしょうのほうにんをえんものか》　今《いま》のあたり如レ此《かくのごとき》の勝利《しょうり》をみ

る争《いかで》（か）信心《しんじん》を発《おこ》さゞらむ　仍《よっ》（て）彼《か》（の）行状《ぎょうじょう》をあらはさむためにこの絵図《えず》を模《も》す　唯是《ただこれ》信謗《しんぼう》共《とも》に因《いん》を成《な》し親疎《しんそ》同《おな》（じ）く縁《えん》をむすばむとなり

《絵》

《語句》

○仏身者《ぶっしんとは》〜　諸衆生《もろもろのしゅじょう》…『観無量寿経』第九真身観「仏身観」（『大正蔵』第一二巻・三六五頁・下段）　○紀里記王《きりきおう》の十夢《じゅうむ》…迦葉仏在世時の王である訖栗枳王《くりきおう》が見たとされる十種の夢のこと。『倶舎論』や『根本説一切有部毘奈耶』などに見られる王で、十種類の夢を見た後、世尊や迦葉仏に尋ねたという　○阿難尊者《あなんそんじゃ》の七夢《しちむ》…阿難七夢経に見られる。七夢経ともいう。一巻。きわめて短経。阿難の見た七夢は、未来の悪世の相状を示したものであると仏が述べたもの　○回心《えしん》…自己の罪過を恥じて心を仏の教えに向けること。邪悪な自己を懺悔して仏道に帰依すること。浄土教では自力の心を捨てて念仏の教えを信ずることをいう。自力心をひるがえして本願他力に帰すること　○蓮《れん》華《げ》初開《しょかい》…蓮華初開楽のことで、十楽の第二。蓮華の台座に托して極楽往生した行者が、その蓮華の花が初めて開く時に、あたかも盲者が見えるようになったように、また辺境からたちまち王宮に入ったように、限りない歓楽を受けるようすをいう。蓮華によって極楽に生まれる楽

《現代語訳》

嘉元元年（一三〇四）十二月、恒例の歳末別時念仏会は相州当麻（現、神奈川県相模原市南区当麻　無量光寺）という所で厳修され、いつものことであるが、身分の隔てなく雨のごとく人びとが参詣し、道俗は雲のご

とく群集した。

さて、歳末別時念仏会結願の後、大晦日の暁から元日の朝にかけ、真教聖が時衆に対して法文を申し聞かせることがあった。「一切衆生は、曠劫より六道を輪廻し、ある時は有頂天の煙霧にまじわり、有為の快楽に愛着する。また、あるときは阿鼻地獄の熱湯や火焔にむせび、永久に無間地獄の勲苦に焼かれる。このゆえに、衆生を六道輪廻から救済するために、諸仏如来は法性真如の浄土を出られ、遠く離れた衆生に結縁・引導の方便をめぐらせた。そして阿弥陀仏は、極楽世界を超えて衆生の眼前に現れる来迎引接の本願を発願された。『観無量寿経』には、『仏の心とは、大慈悲にほかならない。分け隔てのない慈悲によって、諸々の衆生を摂取してくださる』と説かれている。慈悲とは観世音の体であり、観音とは娑婆示現の形である。今、大悲闡提の願を発して済度衆生に向かう。自分こそが観音である」とおっしゃるので、「すばらしいことをおっしゃったものだ」と人びとが皆一様に思っていた。すると、下野国小野寺（現、栃木県栃木市岩舟町小野寺）の何某《なにがし》とかいう人のもとから、不思議な夢を見たと書状が送られてきた。そこには、「仏子何某は、去る十二月二十七日夜の暁（二十八日朝）、夢に金色の阿弥陀仏を拝した。かたわらにいらっしゃったのは大勢至菩薩であった。観世音菩薩がお見えにならなかったので、『どのような理由があるのですか』と質問を申し上げると、阿弥陀仏がおっしゃるには、『観音菩薩を済度利生のために娑婆世界へ遣わし、その名を他阿弥陀仏と称す。勢至菩薩をも遣わし、一遍房と称する者ですでに極楽世界へ還り来た』と示された」と書かれていた（記録は詳細に書かれているが繁雑になるのを恐れて要点のみ記す）。先ほどの真教聖の詞とまさに符合したので、人びとはいよいよ渇仰して首を垂れ、道俗はますます随喜の涙を流した。

昔、空也上人が夢の中で、極楽世界へ詣でられた時、中央にからっぽの華座があった。その理由を衆会の聖衆にお尋ねすると、「この国の教主は阿弥陀仏という。衆生利益のために南閻浮提の日本国に出立されており、その名を八幡大菩薩と称している」とおっしゃったので、空也は奇特の思いが骨髄を通って、夢から覚められた。その夢の内容はある旧記に記されている。それに加えて、律宗では好相を見て受戒の得否を知ると言い、真言では霊夢を見て悉地の感応をあらわすと言う。異域では、漢の明帝や孔子もみな夜の夢を用い、紀里記王の十夢や阿難尊者の七夢も、各々それが真実であることを証している。三国（印度・中国・日本）にわたる例証は一つではなく、誰も疑いを生むようなことはないのではないか。

そもそも、弘安二年（一二七九）六月より嘉元元年（一三〇三）十二月に至るまで、二十七年（実際は二十四年）間のうち、臨終した時衆は総勢二百六十九人（僧百四十一人・尼百二十八人）である。このうち、制戒に背く旨がありながら回心しなかったので、ついに往生を遂げられなかった者が七人いたということである。時衆のなかでは、たとえ小罪であっても制戒に背くことがあれば、当然回心するべきものであるのにできなかったのである。その他、在家の弟子などに至るまで往生を遂げた者は、一人一人記す暇もなかった。昨日は、釈迦如来の滅後に生まれたかなしみを沙羅双樹の露にそえ、今日は、阿弥陀仏の名号に会える悦びを歓喜樹の花に開かせた。今生では穢土の終わり、聖衆来現の夕にはすみやかに無生即生の往生を遂げる。後生では浄土のはじめ、蓮華初開の朝には早く生即無生の法忍を得られるだろうか。今、このようなすぐれた利生をまのあたりにし、どうして信心を起こさないことがあろうか。よって、真教聖の行状をあらわすために、この絵図をあらわす。ただこれをもって、仏法を信じる人もそしる人も共に因として親疎の隔てなく同じく縁を結ぶということである。

《絵》

奥書

《原文》

本奥曰

弟子宗俊宿因多幸而奉逢上人之済度　得聞出離要法　思其恩得検其報謝高於天厚於地仍自建長文永之往事至永仁正安之行儀　図師資之利益備弟子之報謝類集而為十巻　殆揚十之一二此中或有四句偈或有七言頌或有人之返報或有自之詠歌　皆惟出離生死之肝心往生浄土之要路也　至段々詞者僅記録頑魯之領解　更不諂賢哲之後難　苟思其事実不好其事華　唯欲見者之易諭聞者之深誡者也　将又遠伝於遐代近為及未来　終一部之書写安十巻於道場　若依此絵図有発心之人者互去娑婆苦域同到安養楽邦而已

《書き下し》

本奥《ほんおく》に曰《いわ》く

弟子《でし》宗俊《そうしゅん》　宿因多幸《しゅくいんたこう》にして上人之済度《しょうにんのさいど》に逢《あ》ひ　奉《たてまつ》り　出離《しゅつり》の要法《ようほう》を聞《き》くことを得《え》たり　其《そ》（の）恩得《おんとく》を思《おも》ひ其《そ》（の）報謝《ほうしゃ》を検《けん》するに　天《てん》より高《たか》く地《ち》よりも厚《あつ》し　仍《よっ》（て）建長《けんちょう》・文永《ぶんえい》の往事《おうじ》より永仁《えいにん》・正安《しょうあん》の行儀《ぎょうぎ》に至《いた》るまで　師資《しし》の利益《りやく》を図《ず》して弟子《でし》の報謝《ほうしゃ》に備《そな》ふ　類集《るいじゅ》して十巻《じっかん》と為《な》す　殆《ほと》んど十《じゅう》の一二《いちに》を揚《あ》ぐ　此中《このなか》に或《あるい》は四句《しく》の偈《げ》あり　或《あるい》は七言《しちごん》の頌《じゅ》あり　或《あるい》は人《ひと》の返報《へんぽう》あり　或《あるい》は自《みずか》ら之《の》詠歌《えいか》あり　皆惟《みなこ》れ出離生死《しゅつりしょうじ》の肝《かん》

心《じん》往生浄土《おうじょうじょうど》之《の》要路《ようろ》なり　段々《だんだん》の詞《ことば》に至《いた》っては僅《わず》かに頑魯《がんろ》の領解《りょうげ》を記録《きろく》す　更《さら》に賢哲《けんてつ》の後難《こうなん》を話《はな》さず
苟《いやしく》もその事実《じじつ》を思《おも》って其《そ》(の)事《こと》の華《はな》を好《この》まず　唯見《ただみ》ん者《もの》の諭《さと》し易《やす》く聞《き》く者《もの》の深《ふか》く誡《いまし》めんことを欲《ほっ》する者《もの》なり　将《まさ》に又遠《またとお》く遐代《かだい》に伝《つた》(へ)て近《ちか》しい未来《みらい》に及ぶ為《ため》なり　終《つい(に)》一部《ぶ》これを書写《しょしゃ》して安《やす》んじて十巻道《じっかんどう》場《じょう》に置《お》く　若《も》し此《こ》(の)絵図《えず》に依《よっ》(て)発心《ほっしん》の人《ひと》あらば互《たがい》に娑婆《しゃば》の苦域《くいき》を去《さ》(つ)て同《おな》じく安養楽邦《あんにょうらくほう》に至《いた》らんのみ

《現代語訳》

本奥書には次のように記されている。

弟子宗俊は、宿因により、とても幸せなことに、上人（一遍聖・真教聖）の済度に逢え、出離の要法を聞くことができた。その恩徳を思い、その師への報謝をあらためて思うと、やはり天よりも高く地よりも厚いのである。よって、建長・文永から永仁・正安の行儀に至るまで、師資の利益を絵図とし、弟子の報謝のためにまとめて、十巻とした。大筋として、十巻の内容を一つ二つ取り上げると、この中に、四句の偈、七言の頌、ある人の返報、または、両聖自らの詠歌がある。このすべては出離生死の肝心であり、往生浄土の要路である。各段の詞書は、わずかに頑魯の領解を記録した。その上、賢哲の後難のために語らないのは、仮にも、その領解を事実と思って、素意をまげ、話に華咲すのを望まないからである。ただ、この絵巻を見る者には諭しやすく、聞く者に深く自らを誡めることを望むだけである。まさに、これは遠くは遥かのちの世にも伝えるため、また近くは先々の指針となるためである。ついに、この一部を書写し、こころ安らかにこの十巻を道場に置く。もし、この絵図によって発心の人がいれば、互いに娑婆の苦域から去り、同じく安養楽邦に至るのみである。

《参考文献》

浅山円祥校注『六条縁起』（山喜房佛書林　一九四〇年）
橘俊道・梅谷繁樹『一遍上人全集』（春秋社　二〇〇一年）
長島尚道編著『真光寺蔵『遊行縁起』　絵で見る―『遊行上人伝』―』（真光寺　二〇一二年）
長島尚道「一遍上人縁起絵・現代語訳」（一）（時宗教学研究所編『時宗教学年報』第二十二輯所収　一九九四年）
長島尚道「一遍上人縁起絵・現代語訳」（二）（時宗教学研究所編『時宗教学年報』第二十三輯所収　一九九五年）
長島尚道「現代語訳・一遍上人縁起絵　第三―一」（時宗教学研究所編『時宗教学年報』第二十七輯所収　一九九九年）
長島尚道「現代語訳・一遍上人縁起絵　第三―二」（時宗教学研究所編『時宗教学年報』第二十九輯所収　二〇〇一年）
長島尚道「現代語訳・一遍上人縁起絵　第四」（時宗教学研究所編『時宗教学年報』第三十輯所収　二〇〇二年）
『一遍上人縁起絵』現代語訳研究会編「『一遍上人縁起絵』現代語訳　第一・二・三巻」（時宗教学研究所編『時宗教学年報』第四十五輯所収　二〇一七年）
『一遍上人縁起絵』現代語訳研究会編「『一遍上人縁起絵』現代語訳　第四・五・六巻」（時宗教学研究所編『時宗教学年報』第四十六輯所収　二〇一八年）
『一遍上人縁起絵』現代語訳研究会編「『一遍上人縁起絵』現代語訳　第七・八・九・十巻」（時宗教学研究所編『時宗教学年報』第四十七輯所収　二〇一九年）

『一遍上人縁起絵』現代語訳研究会　名簿

代表　長島尚道　時宗教学研究所顧問

小林賢次　時宗教学研究所顧問（二〇一四年　遷化）
長澤昌幸　時宗教研究所所員（研究主務）
峯崎賢亮　時宗教研究所所員
奥田裕幸　時宗教研究所研究員（第五・十担当）
金子元行　時宗教研究所研究員（第一担当）
桑原聰善　時宗教研究所研究員（第四・九担当）
清水寛子　時宗教研究所研究員
鈴木貴司　時宗教研究所研究員
髙垣浩然　時宗教研究所研究員（第六担当）
髙木灌照　時宗教研究所研究員（第三・八担当）
長島崇道　時宗教研究所研究員（第二・七担当）
牧野純山　時宗教研究所研究員

あとがき

記録を紐解くと『一遍上人縁起絵』現代語訳研究会が発足したのは、平成二十三年（二〇一一）四月のことである。その前年に行われた時宗教学研究所全体会議で研究会発足が承認され、当時、時宗教学研究所所長であった長島尚道先生を代表としてスタートすることになった。研究会参加のメンバーの増減はあるものの、発足から十一年目にしてようやく本書を刊行することができたことは実に感慨深い。ここでは刊行までの経過を振り返りたい。

今回、『一遍上人縁起絵』本文は『定本時宗宗典』下巻所収をテキストとした。これまで『一遍上人縁起絵』の現代語訳は、長島尚道先生が一～四巻までを試訳されたもののみであり、五～十巻までの部分は初めての試みとなった。

まず、試訳については、時宗教学研究所研究員にそれぞれ分担を依頼した。その分担は、第一・金子元行、第二・長島崇道、第三・高木灌照、第四・桑原聰善、第五・奥田裕幸、第六・高垣浩然、第七・長島崇道、第八・高木灌照、第九・桑原聰善、第十・奥田裕幸である。

研究会では、担当者が本文の読み・現代語訳・語句などのレジュメを作成し発表を行い、その内容を研究会参加者で検討した。特に苦労したのは和歌の解釈であった。国語学的な問題は、教学研究所顧問小林賢次先生にお願いしていたが、二〇一四年に遷化されたことは残念であった。小林先生の内室である小林千草先生には研究成果をお送りし、時折、ハガキやメールなどでご指摘いただいた。

研究会も総本山清浄光寺を会場に三～四ヶ月に一度の頻度で開催していたが、二〇一六年以降は、大正大学仏教学科に時宗閲覧室が設置されたこともあり、一～二ヶ月に一度の開催へと加速した。長島尚道先生には、毎回、御自坊の神戸真光寺よりお越し頂き、ご指導を賜った。そのため、全ての現代語訳試訳は、他阿真教上人七百年御遠忌までに何とか間に合い、現代語訳に取り組み、その成果は、巻一～三を『時宗教学年報』第四十五輯（二〇一七）、巻四～六を第四十六輯（二〇一八）、巻七～十を第四十七輯（二〇一九）にそれぞれ掲載した。さらに、この現代語訳を活用し、檀信徒向け布教冊子『遊行』第二〇〇号から第二〇〇七号まで「法灯を継ぐ―他阿真教上人の生涯とその教え―」を掲載することができた（この原稿は長澤が執筆し、御遠忌法要に合わせ再編集及び加筆、小冊子『法灯を継ぐ―他阿真教上人の生涯とその教え―』として時宗宗務所から刊行し、御遠忌法要の際、参拝者へ配布した）。

元号が平成から令和に変わり、二祖真教上人七百年御遠忌法要が厳修されるなか、研究会では、現代語訳全体の用語や表現の統一を中心に、再度、検討を重ねた。今回、発刊に際しては、『時宗教学年報』掲載後、一部の方から励ましの声と共に訂正箇所のご指摘をハガキやメールなどで頂いたこともあり、その都度、修正を加えた。訳文などの統一作業は、奥田裕幸師を中心とし、桑原聰善師、髙垣浩然師が担当した。作業を進める中、新型コロナウイルス感染が拡大し、残念ながら研究会の中心であった大正大学での開催が困難となった。しばらく、研究会は中止を余儀なくされ、各自で作業の上、メールなどを活用して情報共有を行った。その後、Ｗｅｂ会議を開催し、校正や意見交換を行うなどして作業の継続を図った。いよいよ原稿がまとまり、時宗関係書籍の出版実績もある株式会社法藏館へ依頼することが決定した。そして、上山靖子氏が担当されることになり、最終的な校正など作業全体は主務の長澤が行った。また、図版に関しては、遊行寺宝物館遠山元浩師に大変お世話になった。

研究会全体で三度見直しを行い、数名での校正作業も行ったが、訳文や語句など修正すべき点は見いだされる。後進の研究者が本書を礎に、更なる研究を進めてくれることを念願する。

最後になるが、本書の刊行を楽しみしておられた遊行七十四代他阿真円上人が令和三年十二月九日に世寿一〇三歳で遷化された。生前に本書をお届けできなかったことは残念であるが、ようやく、御尊前に刊行のご報告をすることができた。

令和四年一月二十七日　二祖真教上人御祥当忌に

研究主務　長澤　昌幸

索　引

（本索引は，原文の要語索引である。）

カ行——

サ行——

タ行――

ナ行――

ハ行――

マ行——

ヤ行——

ラ行——

ワ行——

現代語訳　一遍《いっぺん》上人《しょうにん》縁起《えんぎ》絵《え》　全十巻

二〇二二年五月三〇日　初版第一刷発行

編　　者　『一遍上人縁起絵』現代語訳研究会

発 行 者　西村明高

発 行 所　株式会社　法藏館
京都市下京区正面通烏丸東入
郵便番号　六〇〇-八一五三
電話　〇七五-三四三-〇〇三〇（編集）
〇七五-三四三-五六五六（営業）

装幀者　上野かおる
印刷・製本　中村印刷株式会社

ISBN 978-4-8318-7586-0 C1015